O pai e sua função em psicanálise

Transmissão da Psicanálise
diretor: Marco Antonio Coutinho Jorge

Joël Dor

O pai e sua função em psicanálise

Tradução:
Dulce Duque Estrada

Revisão técnica:
Marco Antonio Coutinho Jorge
Professor do Programa de Pós-graduação em Psicanálise, Instituto de Psicologia/Uerj

ZAHAR

A François

Título original:
Le père et sa fonction en psychanalyse

Tradução autorizada da primeira edição francesa
publicada em 1989 por Point Hors Ligne, de Paris, França

rua Marquês de S. Vicente 99 – 1º | 22451-041 Rio de Janeiro, RJ
tel (21) 2529-4750 | fax (21) 2529-4787
editora@zahar.com.br | www.zahar.com.br

2ª edição: 2011 (novo projeto)

Grafia atualizada respeitando o novo
Acordo Ortográfico da Língua Portuguesa

Capa: Dupla Design
Composição: Flavia Rocha Calandrini

CIP-Brasil. Catalogação na fonte
Sindicato Nacional dos Editores de Livros, RJ

Dor, Joël
D745p O pai e sua função em psicanálise / Joël Dor; tradução Dulce Duque
2.ed. Estrada; revisão técnica Marco Antonio Coutinho Jorge. – 2.ed. – Rio de
Janeiro: Zahar, 2011.

(Transmissão da psicanálise)

Tradução de: Le père et sa fonction en psychanalyse
Inclui bibliografia e índice
ISBN 978-85-7110-184-5

1. Figura paterna. 2. Psicanálise. I. Título. II. Série.

CDD: 150.195
10-0028 CDU: 159.964.2

Sumário

Papai contemplando a imagem de sua imagem.

Prefácio

Por mais recorrente que seja a problemática do pai no campo da experiência psicanalítica, só excepcionalmente é que se tem que abordá-la logo de início. Se bem que fique permanentemente subjacente, nem por isso ela deixa de ser, com frequência, fugaz, por pouco que se enfatize precisamente esta função.

Tal evitamento sem dúvida se explica tanto melhor quanto a função paterna constitui um epicentro crucial na estruturação psíquica do sujeito. Quando mais não seja, pelo menos, pela razão de que a identidade sexual de cada um só tem como saída sofrer por meio dela a sua própria inscrição subjetiva, às vezes em detrimento da predeterminação biológica dos sexos.

Isso significa o quanto esta referência à função do pai se define como uma ordenação *princeps*, com relação à qual nenhuma complacência pode permanecer sem efeito. Convém, ainda, que seja judiciosamente observada sua incidência, para além dos comentários psicologizantes, das prescrições "pedago-lógicas" e outras ortopedias reeducativas de todas as obediências, cujo furor atual não se esgota quanto a esta questão do pai.

Fixar as balizas fundamentais, que circunscrevem e saturam as diferentes valências da função paterna, tomou-se uma tarefa tanto mais oportuna quanto me foi permitido avançar no terreno de um ensino proposto a clínicos preocupados em esclarecer algumas eventualidades de sua prática. Tomei deliberadamente o partido de expor, sob uma perspectiva sinóptica, a infraestrutura suscetível de ordenar seus pormenores, de tal modo que esta *função* apareça, sobretudo, na sua lógica interna, expurgada de todas as implicações metapsicológicas e clínicas que inevitavelmente convoca.

Essas implicações não deixaram de ser evocadas e vigorosamente discutidas no decorrer deste ensino. Dele conservo a lembrança de um enriquecimento pessoal particularmente espinhoso. Por isso, para mim foi importante guardar seu testemunho em meu íntimo, em vez de lastrar o relatório inicial que o tinha suscitado, quando se tratou de transpor por escrito o seu essencial para publicação.

A sobriedade do texto que se segue deixa, assim, certamente em suspenso um bom número de questões e comentários que conservam toda a sua legítima acuidade. Em compensação, esta concisão me permitiu restituir o espírito e a letra do projeto original: esboçar uma *via teórica rigorosa* que se esforce por propor uma orientação segura no espaço de uma topografia psíquica complexa, alternadamente real, imaginária e simbólica, na qual consiste a função do pai diante do inconsciente.

* * *

Já há algum tempo, tornou-se uma regra acolher todo texto analítico de caráter didático como um conjunto de banalidades mais ou menos ordenadas, com relação às quais é habitual, na melhor das hipóteses, saudar a coragem meritória de sua exposição. Pude me assegurar, desde longa data, de que este procedimento de comiseração frequentemente escondia um outro, pelo menos na medida em que alguns desses lugares comuns fundamentais da psicanálise eram generosamente indigentes em mais de um desses comentaristas benévolos.

Da mesma maneira, mais do que visar alguma contribuição original sobre a questão do pai no campo da psicanálise, o texto que se segue tem antes a preocupação de esclarecer certas noções canônicas, com frequência armazenadas demasiado apressadamente na escarcela psicanalítica de diversos clínicos.

Baugé, 1989

1. *Introdução: a função do pai em psicanálise*

No campo psicanalítico, a noção de pai é investida de uma conotação bem particular. O pai a que nos referimos permanece, sob certos aspectos, excluído da acepção comum que dele fazemos, de saída e quotidianamente, enquanto *agente da paternidade comum*. Também não se trata de buscar apreender sua incidência na perspectiva de uma evolução histórica que permaneceria, ela também, estranha ao contexto no qual esta noção é operatória em psicanálise.

Contra toda expectativa, até mesmo contra toda ideia recebida, a noção de pai intervém no campo conceitual da psicanálise como um *operador simbólico a-histórico*. Vamos entendê-la, então, como um referente que apresenta esta particularidade essencial de não estar sujeito à ação de uma história, pelo menos no sentido de um ordenamento cronológico.

Todavia, ficando fora da história, ele não deixa de estar paradoxalmente inscrito no ponto de origem de toda história. A única história que lhe podemos logicamente supor é uma história mítica. Mito necessário, se é que existe, já que esta suposição é universal.

Além disso, qualquer que seja a aparente provocação que daí resulta com relação aos pais inscritos na realidade e em sua história singular, essa noção de pai em psicanálise também não remete exclusivamente à existência de algum pai encarnado. De fato, nada pode garantir antecipadamente que esta encarnação corresponda seguramente à consistência de um pai investido de seu legítimo poder de intervenção estruturante do ponto de vista do inconsciente. Nesse sentido, por pouco que tenhamos entretanto que considerá-lo como um ser, trata-se menos de um ser encarnado do que de uma entidade essencialmente *simbólica* que ordena uma *função.*

Devido à preeminência desse modo de existência simbólica, tal é então o seu caráter fundamentalmente operante e estruturante para cada um, isto é, qualquer que seja o sexo daquele que a ele se acha referido. Em outras palavras, é porque esse *pai simbólico* é universal – daí a essência de sua necessidade –, que nós não podemos deixar de ser tocados pela incidência de sua função, que estrutura nosso ordenamento psíquico na qualidade de *sujeitos.* Com efeito, nenhuma outra saída é proposta ao ser falante a não ser curvar-se ao que lhe é imposto por esta função simbólica paterna que o *assujeita* numa sexuação. De resto, é na medida dessa especificação que se propõe ao sujeito um espaço de identidade sexual que não tem, necessariamente, adequação biunívoca com a bipartição biológica dos sexos.

Nessas condições, sob que insígnias vêm se alojar os pais encarnados, ou seja, os homens colocados empiricamente em situação de se designarem como pais?

No máximo, eles aparecem como *diplomatas,* até mesmo, de um modo mais geral, como embaixadores comuns. No sentido habitual do termo, o embaixador representa seu governo junto ao estrangeiro, a fim de assumir a função de ali negociar todas as operações entre eles. Não poderia haver uma definição mais adequada no que diz respeito aos pais, compreendidos na sua realidade e na sua história. Aproximando-nos da metáfora, designemos então o pai, no real de sua encarnação, como devendo representar o governo do pai simbólico, encarregado por ele de assumir a delegação desta autoridade junto à comunidade estrangeira mãe-filho.

Até o momento, se não foi feito qualquer conluio entre o pai e o *genitor*, isso significa o quanto a entidade paterna que estamos abordando parece depender apenas de uma pura representação simbólica. Como tal, esta função se encontra, assim, potencialmente aberta a todo "agente diplomático" da realidade, por pouco que sua intercessão simbólica seja logicamente significante perante a economia do desejo do filho, às voltas com o desejo da mãe. Quanto mais o genitor é capaz de postular, legitimamente, o título de embaixador privilegiado, mais ele não passa de um caso de figura possível requerida pela exigência desta missão de representação.

Todavia, no terreno desse ministério essencialmente simbólico, um "agente diplomático" qualquer não é, necessariamente, o representante mais adequado para poder negociar essa missão. Nem todos são suscetíveis de desempenhar este papel igualmente. Não podemos desconhecer que o simbólico permanece fundamentalmente assujeitado à instância da linguagem. Nessas condições, assim como um diplomata goza de maior crédito se falar a língua estrangeira do país onde é embaixador, também o embaixador paterno se desincumbe melhor de sua delegação simbólica se praticar a língua do desejo dos protagonistas junto aos quais deve assumir sua função. É sob este aspecto, e apenas sob este aspecto, que os pais da realidade se revelam melhores ou piores embaixadores.

Para além dessas metáforas plenipotenciárias, destaca-se uma primeira conclusão: nenhum *pai*, na realidade, é *detentor* e, *a fortiori*, *fundador* da função simbólica que representa. Ele é o seu *vetor*. Esta distinção instaura, sob alguns aspectos, o desvio que existe entre a *paternidade* e a *filiação*. Por se desenvolver num nível prioritariamente simbólico, a filiação, do ponto de vista de suas incidências próprias, é prevalente sobre a paternidade real. Não obstante toda apreciação qualitativa, trata-se aqui de tomar a medida exata de um fato de estrutura que transcende a dimensão empírica e contingente da paternidade.

Impõe-se uma segunda consequência, relativa agora à *qualidade* do pai. No caso, importa menos questionar as virtudes do próprio pai do que arrazoar esta qualidade na acepção aristotélica do termo, ou seja, como Lacan nos incita, no sentido de uma *natureza*. Em primeiro lugar, convém distinguir a soberania da função paterna que habitualmente decorre da apelação genérica de *Pai simbólico*, da sua existência concreta e histórica de ser encarnado enquanto *Pai real*. Em segundo lugar, é comum levar em consideração o *Pai imaginário*, entidade fantasística, se é que existe,[1] sem a qual nenhum Pai real poderia receber a investidura de Pai simbólico. Toda a transcendência do Pai simbólico só resulta de um simbolismo legalista. De fato, a instância do Pai simbólico é antes de mais nada a referência à *Lei* da proibição do incesto, a qual é, portanto, prevalente sobre todas as *regras* concretas que legalizam as relações e trocas entre os sujeitos de uma mesma comunidade. Em consequência, é porque o Pai simbólico é apenas o *depositário legal* de uma lei que lhe vem de outro lugar, que nenhum Pai real pode se vangloriar de ser seu detentor ou fundador. Mas, em compensação, recai sobre ele o ter que se fazer valer de ser seu representante.

Para isso, a prescrição simbólica desta lei supõe uma negociação imaginária prévia que se desenrola entre os diversos protagonistas familiares: Pai-mãe-filho, reunidos comunitariamente sob a égide da *triangulação edipiana*. Não pode haver uma enumeração mais desastrada, no sentido em que

---

1 A qualidade do pai imaginário recobre ao máximo a noção freudiana de *imago* no sentido em que, por exemplo, Laplanche a define como um "protótipo inconsciente de personagem ... elaborado a partir das primeiras relações intersubjetivas reais ou fantasísticas com o ambiente familiar". Cf. J. Laplanche, J.B. Pontalis, *Vocabulaire de la psychanalyse*, Paris, PUF, 1973, p.195, 4ª ed. (*Vocabulário da psicanálise*, Lisboa, Moraes Editores, 1976, 3ª ed., p.305.)

os três protagonistas não conseguem se discriminar nesta triangulação, a não ser na medida em que estão todos referidos a um quarto elemento: o *falo*.[2] Só este quarto elemento constitui o parâmetro fundador suscetível de inferir a investidura do Pai simbólico a partir do Pai real, pela via do Pai imaginário.

Devemos a Lacan, a partir de sua leitura de Freud, ter insistido na incidência explícita desse quarto elemento na triangulação dos desejos recíprocos do pai, da mãe e do filho, já que não poderia existir outra triangulação edipiana senão a do desejo com relação ao falo. Por não tê-lo registrado estruturalmente nesse espaço de configuração, numerosos comentários duvidosos precipitaram-se, assim, na contestação clássica da universalidade do complexo de Édipo,[3] ou ainda na vertente de uma revisão salutar do mito edipiano tributário do antifalocratismo generosamente alimentado pelo imaginário feminista.

Com muita razão, numa tirada bem conhecida, Lacan repetia a quem quisesse ouvir que só se podia praticar a psicanálise na medida em que se soubesse contar até três. Ora, para dominar uma via aritmética tão mínima, devemos saber dispor de quatro elementos; o quarto é a unidade: o *Um* que

---

2 A acepção rigorosa do termo *falo* é desenvolvida no tomo I da minha obra *Introduction à la lecture de Lacan*, Paris, Denoël, 1985, cap.11: "La prévalence du phallus", p.89-96. (*Introdução à leitura de Lacan*, Artes Médicas, Porto Alegre, 1989, p.71-6.)

3 A mais famosa delas é a de Malinowski, em época contemporânea à de Freud. Tanto por sua explicação pessoal dos tabus quanto por sua crítica ao complexo de Édipo, Malinowski se opôs em tudo às teorias freudianas; notadamente, a partir de seus trabalhos sobre os habitantes das ilhas Trobiand, na Melanésia, que lhe permitiram contestar a universalidade do complexo de Édipo. Cf. B. Malinowski, *La vie sexuelle des sauvages du Nord-Ouest de la Melanésie*, Paris, Payot, 1930. As teses de B. Malinowski seriam vivamente criticadas por C. Lévi-Strauss em sua célebre obra: *Les structures élémentaires de la parenté*, Paris/Haia, Mouton de Gruyter, 1971.

não é um número, propriamente falando, mas a embreagem da construção de todos os outros.[4]

O mesmo se dá com a triangulação edipiana pai-mãe-filho, a qual só tem sentido, estruturalmente, se for compreendida em referência a esta unidade fundadora que a ordena: o *falo*, entidade tanto mais irredutível quanto é a unidade significante do real da diferença dos sexos. Enquanto tal, o falo constitui assim o centro de gravidade da função paterna, que vai permitir a um Pai real chegar a assumir a sua representação simbólica. Para isso será suficiente que ele saiba dar provas, num dado momento, de que é suscetível, precisamente, de atualizar a incidência fálica como o único agente regulador da economia do desejo e de sua circulação com referência à mãe e ao filho.

A fim de exorcizar as proposições "pedago-lógicas" e os lugares-comuns psicologizantes ainda muito generosamente difundidos nos meios educacionais em torno da *carência* do Pai,[5] asseguremo-nos de que a função paterna conserva sua virtude simbólica inauguralmente estruturante na própria ausência de todo Pai real. Sob a reserva de certas condições particulares inevitavelmente exigidas no caso da figura-limite e na preocupação de ter que significá-las de maneira oportuna, a função do Pai simbólico permanece, de fato, fundamentalmente indutora dessa promoção estruturante, em razão de seu caráter de radical exterioridade em relação ao Pai real.

Em outro extremo, a ênfase é dada ao alcance inexpugnável desta *função simbólica* que constitui a pedra angular da problemática paterna na psicanálise. O caráter *estruturante* desta função se funda unicamente no fato de ela se apoiar

---

4 Trata-se aí de uma referência lacônica aos trabalhos de G. Frege sobre a construção do número cardinal. Cf. J. Dor, *L'a-scientificité de la psychanalyse*, tomo II, Paris, Éd. Universitaires, 1988, p.157-64.

5 Quanto à questão da carência paterna, ver adiante, Cap.IV, p.44*s*.

num *princípio estrutural*. Não há, aí, pura e simples redundância. Trata-se de realizar que esta função se aplica no quadro de uma *estrutura*, ou seja, o conjunto de um sistema de elementos governados por leis internas.[6] Num tal sistema, basta que um único elemento se mova para que a lógica reguladora do conjunto de todos os outros também se modifique. Como a lógica dessas diferentes regulações constitui precisamente a expressão da função paterna, compreende-se que ela possa permanecer operante na ausência de todo Pai real.

Porque a dimensão do Pai simbólico transcende a contingência do homem real, *não é pois necessário que haja um homem para que haja um pai*. Seu estatuto sendo o de puro referente, o papel simbólico do pai é sustentado, antes de mais nada, pela atribuição imaginária do objeto fálico. Nessas condições, basta que um terceiro, mediador do desejo da mãe e do filho, dê argumentos a esta função para que seja significada sua incidência legalizadora e estruturante. Ora, dar argumentos a esta função não implica absolutamente, em última instância, a existência *hic et nunc* de um Pai real.

A aplicação desta função resulta essencialmente da *determinação de um lugar terceiro na lógica da estrutura* que confere, de volta, uma consistência exclusivamente simbólica ao elemento que o ocupa. Nesse sentido, o estatuto do pai simbólico pode, pois, ser legitimamente remetido, como menciona Lacan, ao *estatuto de um significante* que ele designa, então, de *Nome-do-Pai*. Estatuto desconcertante, se é que existe, pois que não exige em nada a presença de um homem em situação de se designar como Pai na realidade.

É justo porque o pai é investido de uma contextura puramente significante que ele pode vetorizar uma certa homogeneidade que encontra ela própria sua base lógica numa operação

6 A propósito da "estrutura", cf. J. Dor, *Structure et perversions*, Paris, Denoël, 1987, cap.4, p.69s.

simbólica: a *metáfora do Nome-do-Pai.* Semelhante operação, durante a qual a criança substitui o significante do desejo da mãe pelo significante Nome-do-Pai, contribui assim para conferir ao pai um estatuto perfeitamente original. Com efeito, ao fim desta substituição significante, tudo se passa justamente como se o pai com que lidamos nada mais fosse, como formula Lacan, que uma pura *metáfora.*[7]

---

7 Cf. J. Lacan, *Les formations de l'inconscient*, 1957-58, livro V, Paris, Seuil, 1998, seminário de 15/1/1958. (*As formações do inconsciente*, Rio de Janeiro, Zahar, 1999.)

II. *Natureza-cultura: a proibição do incesto e o pai da "horda primitiva"*

É ao mito simbólico do pai da horda primitiva que devemos nos referir para tentar circunscrever de maneira mais aprofundada a essência conceitual da noção de pai que acabamos de introduzir.

Freud expõe este mito ao fim de numerosas análises antropológicas que constituem o próprio corpo de sua célebre obra: *Totem e tabu*.[1] Sem retomar o curso desses ricos desenvolvimentos, vamos nos deter na tese do pai primitivo, tal como ele a desenvolve ao cabo de seu estudo. Devemos compreender esse mito como aquele sem o qual não poderíamos abordar a teoria do pai em psicanálise, já que é dele que esta recebe, precisamente, toda a sua consistência.

Para isso, parece oportuno, todavia, situar muito rigorosamente essa questão diante do problema epistemológico que ela vem levantar: o problema natureza-cultura que nos remete em linha direta, como veremos, ao estatuto do pai primitivo.

* * *

O problema natureza-cultura só foi formulado muito recentemente no campo da reflexão filosófica, sob a forma de uma

1 S. Freud, *Totem und Tabu* (1912-13), G.W. IX, S.E. XIII, 1/161. Tradução francesa de Jankélévitch, *Totem et tabou*, Paris, Payot, n.77, 1973.

dualidade. Podemos situar sua articulação, aproximadamente, no século XVIII. Certamente o que está em causa, aqui, é tão antigo quanto o próprio homem, já que é toda a questão da origem do homem como tal que é levantada pela problematização desse par natureza-cultura.

Tradicionalmente, o par natureza-cultura se apresenta como um par de entidades opostas. O *cultural*, que diria respeito antes de mais nada ao adquirido, ao social, ao construído e ao instituído, se oporia de saída a tudo o que dependesse da ordem do inato. Nesse sentido, pode-se, pois, supor a ideia de uma progressão ordenada e hierarquizada entre o estado da natureza e o estado da cultura. Em consequência, a cultura seria também colocada como o produto resultado de um progresso.

Semelhante concepção da passagem da natureza à cultura sempre se manteve praticamente insolúvel enquanto foi problematizada sob esta forma, por falta de uma estratégia epistemológica consequente, suscetível de vetorizá-la. De fato, a instituição de tal modo de relação entre a natureza e a cultura conduz necessariamente a impasses racionais, até mesmo a aporias lógicas.

Se um filósofo como Jean-Jacques Rousseau, no entanto, pressentiu notavelmente esta dificuldade, nem por isso soube tirar partido dela. Temos disso a prova mais manifesta em seu célebre estudo: o *Discurso sobre a origem e os fundamentos da desigualdade entre os homens*.[2]

Nessa reflexão, Rousseau parte da seguinte ideia geral: a natureza do homem teria sido pervertida, corrompida pela sociedade. Por esta razão, apenas *uma ficção do homem no estado de natureza* permitiria re-situar aquilo que a cultura destruiu completamente.

---

2 J.-J. Rousseau, *Discours sur l'origine et les fondements de l'inégalité entre les hommes*, Paris, Gallimard, 1965.

A ideia de uma *ficção necessária* introduzida por J.-J. Rousseau merece que lhe concedamos uma atenção extrema. Ela supõe, com efeito, que já desde o século XVIII o estado de natureza não mais podia ser pensado a não ser sob a espécie de um *conceito operatório*. De resto, o próprio Rousseau insistia como convinha, já que apresentava esta referência à ficção como uma *exigência necessária* da razão. E isso, por dois motivos, ao menos. Por um lado, parecia-lhe evidente que jamais se poderia conhecer o estado de natureza. Por outro, acrescentava ele, esse estado de natureza talvez nunca houvesse existido. A ficção parecia-lhe, assim, tanto mais imperiosa quanto era sobre ela que deveria fundar todas as teses de seu famoso *contrato social*.[3]

Se a passagem do estado de natureza ao estado de cultura não pode, portanto, constituir o objeto de uma formulação objetiva, como conceitualizá-la? Rousseau sugere concebê-la "*pela imaginação*". Só o homem próximo do estado de natureza conseguirá, por sua pureza moral, fazer reviver tal estado.

Vamos encontrar, assim, essa tese, cara a Rousseau, do homem como "*animal depravado*", a qual ele só pode sustentar ao preço de algumas equivalências discursivas. Em primeiro lugar, ela supõe que a moralidade é inerente ao estado de natureza. Em segundo lugar, implica que a depravação é própria do estado de cultura. No estado de natureza, o homem é suposto ignorar valores axiológicos como o bem e o mal. Mas, se é um bruto amoral, não deixa de ser um bruto feliz.

Como toda a sua infelicidade provém do fato de que ele pode se aperfeiçoar, deve a esta aptidão a potencialidade de se tornar verdadeiramente homem, isto é, um "*animal dotado de razão*". Da mesma maneira, o homem natural entra na ordem propriamente humana pela via deste aperfeiçoamento que o insere, pouco a pouco, na ordem cultural.

---

3 J.-J. Rousseau, *Du contrat social ou príncipes du droit politique*, Paris, Marabout Université, 1974.

Para Rousseau, é pois o movimento que, fazendo advir o homem, ao mesmo tempo o perde, de certa forma. Se a natureza porta em si os germes de sua superação, estes germes estão, contraditoriamente, na origem da infelicidade do homem. Assim, a ideia de um progresso que estaria ligado à cultura aparece radicalmente recusada por Rousseau. É uma utopia pensar que a cultura seja fonte de progresso, já que ela tira do homem toda possibilidade de escapar à corrupção e à depravação. Daí a necessidade imperativa de um *contrato social* destinado a reconciliar a sociedade (a cultura) com as exigências da felicidade (a moralidade).

Sem aprofundar as grandes linhas que animam esta reflexão, podemos, ainda assim, tirar alguns elementos de conclusão a propósito desta concepção clássica natureza-cultura.

Sob certos aspectos, tudo se passa como se, nesse contexto clássico, o homem pertencesse ao estado de natureza por seu corpo, isto é, o biológico; logo, de certa forma, pela *ordem da necessidade.* Mas ele só parece poder ultrapassar esse estado de natureza através do advento da razão e da liberdade que o fazem aceder à cultura. *A cultura nasce, portanto, da natureza do homem.* Devido ao fato de que ela é sempre, nesta concepção, colocada implicitamente como o fruto de um progresso, segue-se logicamente que se puderam considerar as *sociedades ditas primitivas* como outras tantas etapas antropológicas transitórias que conduzem à sua aquisição. Compreendemos então por que foram feitos numerosos estudos, em campos conceituais muito reducionistas, amplamente sobredeterminados, com frequência, por aproximações ideológicas duvidosas.[4]

---

4 Por exemplo, vamos lembrar certas conclusões antropológicas de Lucien Lévy Bruhl quanto à *mentalidade primitiva.* Cf. L. Lévy Bruhl, *Les fonctions mentales dans les sociétés inférieures*, Paris, 1910, e *La mentalité primitive*, Paris, 1922.

Devemos, no entanto, reconhecer em Rousseau o mérito de ter situado as bases da antropologia contemporânea, em seu tempo e à sua maneira. Não sugeria ele, desde então, recorrer à experiência para tentar encontrar o natural do homem através do cultural? Se algumas observações experimentais deram lugar a reduções ideológicas inaceitáveis, outras, em compensação, atingiram resultados muito mais positivos. Em particular, as investigações antropológicas de Lévi-Strauss permitiram abordar o problema natureza-cultura em bases operatórias surpreendentemente novas.

Lévi-Strauss não se esforçou para imaginar um estado de natureza tão hipotético quanto inacessível, cujo projeto heurístico lhe parecia estar em completa oposição com o rigor da pesquisa científica. Pelo contrário, dedicou-se a tentar definir um critério que permitisse distinguir rigorosamente o que é natural no homem do que é cultural. Esse critério não lhe parecia poder ser estabelecido a não ser obedecendo a certas exigências.

Por um lado, o natural deve poder, por definição, obedecer a *leis universais*. Por outro, o cultural, este parece só poder ser instituído a partir de *regras particulares de funcionamento*. Portanto, tudo o que houver de universal no homem constituirá sua natureza, devendo todo o resto, necessariamente, ser considerado como um produto da cultura.

Aliás, todas as sociedades humanas, sendo normativizadas e regulamentadas, devem ser consideradas em estado de cultura, inclusive as sociedades ditas primitivas. Eis aí uma completa oposição às sociedades animais que, por sua parte, não são em nada coextensivas a uma cultura. É preciso, pois, conseguir identificar, através de todas essas culturas, o substrato comum ao conjunto dos homens, do qual se poderá então dizer que constitui seu estado de natureza.

Com Lévi-Strauss, o problema se coloca, assim, de maneira absolutamente nova. Já que todo homem participa de uma cultura, a cultura só pode aparecer como a única natureza do homem. O substrato comum procurado será, então, ao mesmo tempo:

1) aquilo que define uma cultura;

2) aquilo que, sendo *universal*, participa de uma natureza.

É nas regras que ordenam as trocas matrimoniais que Lévi-Strauss consegue pôr em evidência o substrato comum. Com efeito, nessas regras, figura sempre uma lei *universal* que é a da *proibição do incesto*. Logo, ela constitui o critério rigoroso que permitirá separar a cultura da natureza. Este fato incontestável, que não é nem puramente cultural nem puramente natural, é sublinhado por Lévi-Strauss nos seguintes termos:

> Por toda a parte onde se manifesta a regra, sabemos com certeza estar no estágio da cultura. Simetricamente, é fácil reconhecer o universal critério da natureza ...
>
> Coloquemos, portanto, que tudo o que é universal, no homem, depende da ordem da natureza e se caracteriza pela espontaneidade, que tudo o que tem relação com uma norma pertence à cultura e apresenta os atributos do relativo e do particular ...
>
> A proibição do incesto apresenta, sem o menor equívoco, e indissoluvelmente reunidos, os dois caracteres nos quais reconhecemos os atributos contraditórios de duas ordens exclusivas: constitui uma regra, mas uma regra que, única em todas as regras sociais, possui ao mesmo tempo um caráter de universalidade.[5]

E Lévi-Strauss prossegue do seguinte modo:

> A proibição do incesto não é nem puramente de origem cultural nem puramente de origem natural; e também não é uma

[5] C. Lévi-Strauss, *Les structures élémentaires de la parenté*, op.cit., p.9-10.

> dosagem de elementos compósitos parcialmente tomados de empréstimo à natureza e parcialmente à cultura. Ela constitui a trajetória fundamental graças à qual, mas sobretudo na qual, se realiza a passagem da natureza à cultura. Num sentido, ela pertence à natureza, pois é uma condição geral da cultura, e consequentemente não devemos nos surpreender de vê-la manter da natureza o seu caráter formal, isto é, a universalidade. Mas, num sentido, também, ela já é a cultura, agindo e impondo sua regra no seio de fenômenos que em nada dependem originalmente dela.[6]

Com esta precisão epistemológica formulada por Lévi-Strauss, descobrimos a confirmação mais certa do caráter anistórico do pai, adiantado anteriormente.[7] Por que o pai pode estar ao mesmo tempo fora de toda história e ser o ponto de origem daquilo que a constitui?

Admitamos a lei da proibição do incesto como aquilo que permite distinguir estritamente o cultural e o natural no homem. Para que esta distinção seja aceitável, deve-se supor logicamente que possa existir um *invariante natural e universal específico a todos os homens.* Como colocar objetivamente em evidência este invariante? A coisa não é tão fácil, e alguns argumentos parecem constituir obstáculo, notadamente certos fatos de observação psicológica que tenderiam a provar que a existência de tal invariante é apenas pura ficção.

A argumentação crítica mais clássica nos é fornecida pelo fato de experiência das "*crianças selvagens*". Esses casos-limites parecem, com efeito, estabelecer que, sem cultura, o homem não é nada, nem mesmo um animal, na medida em que aparece como menos do que um animal. Além do fato de que a criança selvagem *não é um homem natural*, ela não possui, por outro lado, nenhum dos comportamentos naturais e

6 Ibid., p.29.
7 Ibid., p.13.

adaptativos dos animais. Assim já se encontra invalidada a ideia de que o homem, por regressão, possa voltar a um estado qualquer de natureza. O estado de natureza apareceria, então, tanto mais como uma pura e simples ficção quanto o isolamento social não constitui em nada uma condição favorável ao desenvolvimento de um estado natural, mas, ao contrário, uma condição de desenvolvimento aberrante. Daí a concluir que tudo no homem é necessariamente produto de cultura e que se deve afastar a ideia de um invariante natural, o passo é dado rapidamente.

Por certos aspectos, a teoria psicanalítica vai permitir, sob determinadas condições, reintegrar o conceito de natureza no homem, em conformidade com o critério dado pela antropologia. O substrato procurado pode ser definido como um *substrato psicológico* que manifesta sua expressão mais significativa na *ordem edípica*. O homem, com efeito, participa da natureza por sua inscrição incontornável na dinâmica edipiana que é fundamentalmente ordenada pela dialética do desejo em face da diferença dos sexos. Em outras palavras, é porque a lei da proibição do incesto é capaz de estabelecer o limite entre o natural e o cultural que a ordem edípica pode, legitimamente, apresentar-se como o substrato universal que designa a dimensão do natural no homem.

Tornando-se coextensiva à ordem edípica, a problemática natureza-cultura desloca seu espaço de oposição insolúvel para o de um conflito passível de uma saída. De fato, a ordem edípica se define como o lugar de tal conflito, suscetível de acabar permitindo ao sujeito aceder ao registro simbólico, ou seja, à cultura.

Em resumo, a cultura *é, pois, gerada pela expressão de uma falta*. Porque o natural no homem é isomorfo à ordem edípica, a cultura se torna, então, legitimamente, a verdadeira natureza do homem que nasce da proibição originária do incesto. Neste sentido, a problemática natureza-cultura volta a centrar, de pleno direito, a questão do pai em psicanálise, de vez que é precisamente dessa proibição originária do incesto que tenta dar conta o mito freudiano do pai da horda primitiva.

* * *

O mito freudiano do pai primitivo se apoia principalmente na concepção darwiniana de "um pai violento, enciumado, guardando todas as fêmeas e expulsando seus filhos à medida que cresciam".[8] Esta horda primitiva é, pois, antes de tudo, um bando de irmãos vivendo sob uma tirania sexual forçada. Excluídos, nem por isso deixam de acabar se constituindo numa força suficiente para contestar o despotismo paterno. Como observa Freud, sua união lhes permitia assim "realizar aquilo que cada um deles, individualmente, teria sido incapaz de fazer".[9]

Fortes por sua certeza, terminam decidindo a condenação à morte do tirano, matam-no e o consomem no decorrer de um repasto canibalesco. E Freud prossegue:

> Que tenham comido o cadáver do pai, nada tem isso de espantoso, dado que se trata de canibais primitivos. O ancestral violento era certamente o modelo invejado e temido de cada um dos membros dessa associação fraterna. Ora, pelo ato de absorção, realizavam sua identificação com ele, apropriando-se cada um de uma parte de sua força.[10]

Freud insiste então no caráter ambivalente dessa festa canibalesca:

---

8 S. Freud, *Totem et tabou*, op.cit., p.162.
9 Ibid., p.163.
10 Idem.

> Basta admitir que o bando fraterno, em estado de rebelião, era animado perante o pai de sentimentos contraditórios que, pelo que sabemos, formam o conteúdo ambivalente do complexo paterno em cada um de nossos filhos e nossos neuróticos. Eles odiavam o pai, que se opunha tão violentamente a sua necessidade de poder e a suas exigências sexuais, mas ao mesmo tempo em que o odiavam, amavam-no e admiravam-no. Depois de tê-lo suprimido, depois de haver aplacado seu ódio e realizado sua identificação com ele, entregaram-se a manifestações afetivas de uma ternura exagerada. Fizeram-no sob a forma de arrependimento; experimentaram um sentimento de culpa que se confunde com o sentimento de remorso comumente experimentado. *O morto tornava-se mais poderoso do que jamais fora em sua vida …*
>
> O que o pai havia impedido antes, pelo próprio fato de sua existência, os próprios filhos se impediam agora em virtude dessa "*obediência retrospectiva*", característica de uma situação psíquica com a qual a psicanálise nos familiarizou. Eles renegavam seu ato proibindo a morte do totem, substituto do pai, e renunciavam a recolher os frutos de seus atos recusando-se a manter relações sexuais com as mulheres que haviam libertado.[11]

Assim se vê justificada por Freud uma das componentes essenciais do complexo de Édipo. Com efeito, o *sentimento de culpa* que engendra originariamente esses dois interditos volta a atuar na situação edípica através dos dois desejos fundamentalmente reprimidos:* a morte do pai e as exigências sexuais dirigidas à mãe.

O mito freudiano se prolonga, então, da seguinte maneira:

> A necessidade sexual, longe de unir os homens, os divide. Se os irmãos estavam associados quando se tratava de suprimir

11 Ibid., p.164-5 (o grifo é nosso).
* No original, *réprimés*. (N.R.)

> o pai, tomaram-se rivais desde que se tratou de se apossar das mulheres. Cada um deles teria querido, a exemplo do pai, tê-las todas para si, e a luta geral que daí resultaria teria acarretado a ruína da sociedade. Não havia mais um homem que, superando os demais por seu poder, pudesse assumir o papel do pai. Assim os irmãos, se quisessem viver juntos, só tinham uma coisa a fazer: depois de ter, talvez, superado graves discórdias, *instituir a interdição do incesto*, pela qual todos renunciavam à posse das mulheres cobiçadas, quando era principalmente para assegurar essa posse que haviam assassinado o pai.[12]

Ao final desta apresentação sinóptica do tema freudiano da horda primitiva, um último ponto exige ainda alguns esclarecimentos. Ainda que possamos nos queixar de Freud pelo aspecto precisamente *mítico* de sua incursão pela antropologia, vamos mencionar em seu favor que este caráter mítico não lhe parece haver escapado. O que é mais, ficou claramente estabelecido para ele que se tratava de um *mito necessário*, como observa desde as primeiras linhas de *Totem e tabu:*

> Tentamos, neste livro, deduzir o sentido primitivo do totemismo de seus traços e sua sobrevivência infantil, dos aspectos pelos quais ele se manifesta durante o desenvolvimento de nossos próprios filhos. As relações estreitas que existem entre o totem e o tabu parecem oferecer novas bases a esta hipótese; mas, supondo mesmo que esta *se revele finalmente como inverossímil*, nem por isso deixo de avaliar que ela terá contribuído, numa certa medida, para nos aproximar de uma realidade desaparecida, e tão difícil de ser reconstituída.[13]

* * *

12 S. Freud, *Totem et tabou*, op.cit., p.165 (o grifo é nosso).

13 Ibid., p.6-7 (o grifo é nosso).

Todas as implicações desse mito necessário da horda primitiva se revelam como outros tantos argumentos suscetíveis de elucidar essa noção do pai, tal como podemos apreender sua função no campo da investigação do inconsciente.

III. *Do homem ao pai e do pai ao homem*[*]

A descoberta freudiana nos familiarizou com o fato de que, do ponto de vista do inconsciente, não existe nem masculino nem feminino. Esta constatação, largamente corroborada pela prática quotidiana, não deixa de interrogar seriamente a questão da *identidade sexual.*

Sem abordar aqui, em detalhes, o problema geral colocado pela identidade sexual,[1] vamos nos ater, ao menos, a este aspecto particular que se refere diretamente à incidência paterna. Podemos introduzi-lo, sem desvios, a partir desta interrogação:

> *Será preciso que haja necessariamente um homem para que haja um pai?*

Por terrível que pareça a proposição à primeira vista, vai caber, no entanto, à resposta que se lhe puder dar produzir a exata especificação da função paterna. A discriminação que a questão levanta supõe, em troca, que seu domínio de aplicação seja sancionado tão rigorosamente quanto possível. Esse

---

* Alguns aspectos deste tema foram objeto de uma exposição, a 17 de janeiro de 1987, num colóquio organizado pelo prof. Philippe Gutton, dedicado a "A questão do pai na adolescência", Universidade Paris VII, U.F.R. Ciências Humanas Clínicas. Publicada em *Adolescence*, 1988, tomo 6, n.1, p.131-41.

1 Desenvolvo esta questão de uma maneira sintética em minha obra *Structure et perversions*, op.cit., cap.16, p.217-33.

domínio, vamos defini-lo pelas duas fórmulas seguintes, que vão delimitar sua extensão e compreensão:

> 1) *O homem, enquanto Pai, tem que dar provas, num dado momento, de que possui aquilo de que todo homem é desprovido.*
> 2) *O Pai, enquanto homem, jamais pode dar outra prova senão dar aquilo de que é desprovido.*

Essas duas proposições não são, absolutamente, enunciados sibilinos, sob a condição de que seja claramente designado este objeto enigmático que se pode ao mesmo tempo possuir e do qual se é igualmente desprovido: *o falo.* É por essa razão, e apenas por ela, que *a função paterna será estruturalmente identificada à função fálica.*

* * *

A fonte desta identificação pode ser observada na própria lógica que anima o desenvolvimento do mito da horda primitiva.

Em várias ocasiões, Freud insiste na natureza dos sentimentos contraditórios expressos pelo bando fraterno com relação ao tirano; ambivalência cujos vestígios ele reencontra alhures, nas crianças e nos neuróticos, e que vai especificar sob a acepção de *complexo paterno.* O *amor* e o *ódio* mobilizados em face do déspota ("Ao mesmo tempo em que o odiavam, amavam-no e o admiravam") ressoam novamente no momento do repasto canibalesco onde, depois da explosão de um ódio assassino, Freud constrói a hipótese de um transbordamento de manifestações afetivas. Vamos recordar também que é a propósito desta efusão que ele introduz a ideia de um *arrependimento,* associado a um *sentimento de culpa.*

Todas essas indicações devem nos colocar no caminho de uma *dívida* contraída para com o tirano, dívida inscrita para todo o sempre, que nada poderá apagar completamente, senão, talvez – como formula Freud – honrando-o *simbolicamente* daí por diante, ao preço de um interdito ao qual se dedicará o culto de uma "obediência retrospectiva". Ora, é com relação a essa *dívida retrospectiva* que o pai morto se torna, assim, "mais poderoso do que jamais o fora enquanto vivo". Mais poderoso, como testemunha a continuação do mito, na medida em que é o *pai morto* que impõe retrospectivamente *a instituição do interdito do incesto.*

Baseado em algumas observações, é fácil compreender sob que condições precisas se institui *a edificação simbólica do Pai* a partir do pai primitivo. Edificação simbólica que constitui a pedra angular da função paterna para além de todos os pais da realidade.

* * *

As condições precisas que governam esta edificação simbólica estão, com efeito, implícitas no mito freudiano, por menos que se tome cuidado em reavaliar sua articulação à luz de certas contribuições lacanianas relativas à *sexuação* e à *atribuição fálica*.[2] Com esta reserva podemos, então, destacar a infraestrutura lógica em torno dos quatro pontos seguintes:

2 No que se refere à sexuação com relação à atribuição fálica, cf. notadamente os seguintes trabalhos de Lacan: a) *L'envers de la psychanalyse*, 1969-70, livro XVII, Paris, Seuil, 1991 (*O avesso da psicanálise*, Rio de Janeiro, Zahar, 1992); b) *Un discours qui ne serait pas du semblant*, 1970-71, livro XVIII, Paris, Seuil, 2007 (*De um discurso que não fosse semblante*, Rio de Janeiro, Zahar, 2009); c) *Ou pire*, 1971-72, livro XIX, seminário inédito; d) *Le savoir du psychanalyste*, 1972, inédito; e) "L'étourdit", in *Scilicet*, n.4, Paris, 1973, p.5-52 ("O aturdito", in *Outros escritos*, Rio de Janeiro, Zahar, 2001); f) *Encore*, 1972-73, livro XX, Paris, Seuil, 1975 (*Mais, ainda*, Rio de Janeiro, Zahar, 1982).

Primeiro ponto

Vamos partir da hipótese de que existisse um homem que possuísse todas as mulheres, o qual se asseguraria ciumentamente desta posse eliminando seus descendentes à medida que fossem crescendo. Tratar-se-ia, então, desse "*ao menos um*" homem de que fala Lacan, para o qual nada limita suas exigências sexuais. Este caso modelo é expresso por Lacan mediante o algoritmo:

$$\exists x \; \overline{\Phi x}$$

Existe, então, "ao menos um" x tal que a propriedade Φ (atribuição fálica) não se aplica a x, *ou seja, que não é castrado.* É por isso mesmo que, em compensação, este "ao menos um" imporia à horda de rivais excluídos exigências sexuais necessariamente limitadas.

Segundo ponto

A onipotência deste "ao menos um" só poderia, portanto, suscitar uma certa ambivalência. A horda de rivais vai, pois, desenvolver sentimentos inevitáveis de amor e de ódio. Com efeito, se eles cultivam *ódio* e votos de morte com relação a este "ao menos um", não podem evitar *invejá-lo* em razão de seus atributos que lhe permitiam ter todas as mulheres. Daí a sequência lógica do mito.

Terceiro ponto

Para possuir as mulheres cobiçadas, é necessário então ser provido dos atributos do tirano. Os filhos concordam em matá-lo a fim de se apropriar das marcas de sua onipotência e assumir seu lugar. Matam o tirano e em seguida o consomem durante um repasto canibalesco.

Quarto ponto

A mediação de repasto canibalesco evocada por Freud é fundamental. Buscando apropriar-se dos atributos da onipotência do tirano, o bando de excluídos realiza *uma identificação*, cujo processo é posteriormente descrito por Freud, em 1921, em *Psicologia das massas e análise do eu.*[3] Trata-se da identificação da primeira espécie, judiciosamente denominada *identificação por incorporação:*

> O menino observa que o pai constitui um obstáculo junto à mãe; sua identificação com o pai assume agora uma tonalidade hostil e se torna idêntica ao desejo de substituir o pai também junto à mãe. A identificação é, aliás, ambivalente desde o início, podendo tanto se orientar para a ternura quanto para o desejo de expulsão. Ela se comporta como um rebento da primeira fase *oral* da organização libidinal na qual se incorporava, pelo comer, o objeto cobiçado e apreciado e, fazendo isso, o aniquilamento enquanto tal. O canibal, como se sabe, permanece ali. Ele ama seus inimigos a ponto de devorá-los, e só devora aqueles a quem pode amar, de uma maneira ou de outra.[4]

Voltemos ao repasto canibalesco identificatório que celebra a morte desse "ao menos um" que possuía todas as mulhe-

---

3 S. Freud, *Massenpsychologie und Ich-Analyse* (1921), G.W. XIII, 73-161. S.E. XVIII, 65-143. Tradução: P. Cotet, A. Bourguignon, J. Altonnian, O. Bourguignon, A. Rauzy, "Psychologie des foules et analyse du moi" (1921), in *Essays de psychanalyse*, Paris, PBP, n.44, 1984, p.117-217. ["Psicologia de grupo e análise do eu", *ESB*, Rio de Janeiro, Imago, vol.XVIII.]

4 S. Freud, *Psychologie des foules et analyse du moi*, op.cit., p.168.

res. A explicação *simbólica* desse repasto canibalesco é retrospectivamente fortalecida pelo rito do repasto totêmico que Freud não hesita em designar como "a reprodução e ... a festa comemorativa deste ato memorável e criminoso que serviu de ponto de partida para tantas coisas".[5]

Vamos nos deter ainda nesse comentário freudiano surpreendentemente perspicaz:

> Numa ocasião solene, o clã mata cruelmente seu animal totêmico e o consome cru ... . Os membros do clã estão vestidos de maneira a se assemelharem ao totem, do qual imitam o som e os movimentos, como se quisessem ressaltar sua identidade com ele. Sabem que realizam uma ação que é proibida a cada um deles, individualmente, mas que é justificada a partir do momento em que todos tomam parte nela; ninguém, aliás, tem o direito de abster-se. Executada a ação, o animal morto é chorado e lamentado. As queixas provocadas por essa morte são ditadas e impostas pelo temor de um castigo e têm por objetivo, sobretudo ..., eliminar do clã a responsabilidade pela morte executada.
>
> Mas este luto é seguido pela festa mais alegre e ruidosa, quando se desencadeiam todos os instintos e se aceitam todas as satisfações. ... Mas, o que significa o luto que se experimenta pela morte do animal totêmico e que serve de introdução para esta festa tão alegre? Se estão se regozijando pela morte do totem, que é um ato ordinariamente proibido, por que é que o lamentam igualmente?
>
> Sabemos que os membros do clã se santificam pela absorção do totem e reforçam, assim, a identidade existente entre eles, e a identidade que têm com ele. A disposição jubilosa e tudo o que daí decorre poderia ser explicada pelo fato de que os homens absorveram a vida sagrada da qual a substância do totem era a encarnação, ou antes, o veículo.

---

5 S. Freud, *Totem et tabou*, op.cit., p.163.

E Freud conclui assim:

> A psicanálise nos revelou que o animal totêmico servia, na realidade, de substituto para o pai, e isso nos explica a contradição: … por um lado, a proibição de matar o animal; por outro lado, a festa que se segue à sua morte, precedida por uma explosão de tristeza. A atitude afetiva ambivalente que, ainda hoje, caracteriza o complexo paterno em nossos filhos e o prolonga, por vezes, até a vida adulta, se estenderia igualmente ao animal totêmico que serve de substituto ao pai.[6]

Deste comentário freudiano se destaca uma consequência absolutamente fundamental: *só a morte, ao mesmo tempo celebrada e pranteada, institui o defunto devorado como Pai.* De fato, ao fim da celebração canibalesca, o homem que possuía todas as mulheres não aparece mais como o tirano a ser eliminado. *O arrependimento* e a *culpa* que acompanham o luto instauram o defunto num lugar único, no qual se deverá daí por diante assegurar um culto. Este culto terá por meta *edificar simbolicamente o homem que possuía todas as mulheres como um deus a ser amado* e em relação ao qual todos nutrirão uma *dívida* sem fim. Por esta razão, apenas, o morto se torna então "mais poderoso do que jamais o fora em vida".

A dívida será daí por diante honrada mediante o culto retrospectivo rendido à *instituição simbólica da proibição do incesto,* pela qual *todos* os homens renunciarão às mulheres cuja posse seria de *um único homem,* então simbolicamente reconhecido neste lugar de *Pai.*

Em outras palavras, o homem que tinha todas as mulheres só advém como *Pai* a partir do instante em que está *morto enquanto homem.* A edificação do homem em Pai se realiza, pois, ao preço de uma promoção simbólica que só se pode manter sustentando-se por um *interdito que tem força de Lei.*

6 Ibid., p.161-3.

Daí este segundo algoritmo proposto por Lacan:

$$\forall x \, \overline{\Phi x}$$

Todos os homens são submetidos à função Φ, ou seja, *são castrados*. É, portanto, a exceção do "ao menos um" subtraído à função fálica[7] (à castração) que funda a Lei que impõe a castração a todos os outros.

A edificação do *Pai simbólico* só poderia ser constituída a este preço. Em compensação, é este preço que investe esse Pai como referente de uma função que poderá, em troca, ser assumida por *todo homem*, na medida em que este se apresente, num dado momento, como quem poderá dar provas de que só *ele* possui o *atributo* que o faz ao mesmo tempo ser odiado e admirado. Nesse sentido, ele será reconhecido, em função de tal atributo, como alguém que tem o direito ao olhar da mulher cobiçada. Enquanto *homem real*, isto é, enquanto tirano, ele será então *simbolicamente condenado à morte* a fim de ser investido tanto quanto admitido como Pai garantidor da manutenção da Lei.

Em última instância, esta investidura simbólica funda toda a diferença entre o *Pai real* e o *Pai simbólico.* O Pai real jamais se reveste de outras insígnias que não as do homem real que, para ser um Pai, deve ser investido e se fazer reconhecer como Pai simbólico. É necessário, assim, que a ele seja suposto deter este *atributo imaginário fálico*, fonte de ódio e inveja, que o institui como o *único a ter direito.* Em consequência:

> *O homem, enquanto Pai, tem que dar provas, num momento dado, de que realmente possui aquilo de que todo homem é desprovido.*

7 $\exists x \, \overline{\Phi x}$

Todavia, fazendo prevalecer sua posição de ter direito a uma mulher que é proibida a sua descendência, este Pai só é Pai simbolicamente. Diante dessa mulher ele não deixa de ser homem pura e simplesmente, isto é, ex-filho, desprovido do falo, por ter tido ele mesmo de aceitar ser castrado, reconhecendo sua atribuição a um Pai. Segue-se daí que:

> *O Pai, enquanto homem, jamais pode dar outra prova senão a de dar aquilo de que é desprovido.*

Assim, a dimensão simbólica do Pai transcende em muito a contingência do homem real. O estatuto de Pai é um puro referente cuja função simbólica é sustentada pela atribuição do objeto imaginário fálico. Todo terceiro que responder a esta função mediatizando os desejos respectivos da mãe e do filho vai instituir, por sua incidência, o alcance legalizador da interdição do incesto. Ora, responder a esta função implica unicamente que seja convocado, em posição de *referente terceiro*, o *significante do Pai simbólico*, isto é, o *significante fálico enquanto simbolizando* o *objeto da falta desejado pela mãe*. Desse ponto de vista, esta função mediatizante não exige de forma alguma, em última instância, a existência *hic et nunc* de um Pai real, em outras palavras, de um homem. Podemos, pois, responder à questão inaugural:

> *Não é preciso que haja necessariamente um homem para que haja um pai.*

Esta necessidade só é concebível originariamente, ou seja, miticamente, já que se tratava do homem que possuía todas as mulheres. Mas, como tal, já que não castrado, era apenas um homem mítico. Em contrapartida, quanto à acepção do homem inscrito numa contingência histórica, portanto, relativamente à única realidade de homem que nos foi jamais dada e conhecida, esta necessidade não se impõe. No máximo, é necessário e suficiente que o desejo de cada um seja referido e mediatizado pela única consistência desse significante do Pai simbólico que é o *Nome-do-Pai*.

Não há outra discriminação coerente que se possa pôr em evidência entre a dimensão do *Pai* e a do *homem*.

IV. *O Pai real, o Pai imaginário e o Pai simbólico: a função do pai na dialética edipiana*

A demarcação da *função simbólica do pai* no que diz respeito à existência contingente do *Pai real* determina uma das bases mais fundamentais da clínica psicanalítica. Não seria necessária outra prova mais convincente do que lembrar que a edificação do Pai simbólico a partir do Pai real constitui a própria dinâmica que regula o curso da dialética edipiana e, com ela, todas as consequências psíquicas que dela dependem.

Importa igualmente examinar os principais momentos que contribuem, nessa dialética, para tal edificação, sem a qual a função paterna permanece inadequada para promover a estruturação psíquica da criança na direção de um limiar de potencialidades novas.

Trata-se menos de percorrer os arcanos que ordenam o curso da própria dialética edipiana[1] do que de enfatizar a problemática paterna tal como esta aí intervém. Esta "problemática paterna", vamos entendê-la como a sucessão lógica dos *diferentes investimentos que têm por objeto a figura paterna.* Investimentos que pontuam a dinâmica edipiana de outras tantas incidências decisivas para a estruturação psíquica da criança. Tal é, sobretudo, o aspecto desta metamorfose simbólica do pai que estamos acentuando.

1 No que se refere ao desenvolvimento detalhado da dialética edipiana, ver minha obra *Introduction à la lecture de Lacan*, tomo I, op.cit., principalmente os caps.11, 12 e 13, p.89-122.

Algumas fórmulas lapidares de Lacan fixam notavelmente a ascendência dessa problemática paterna no complexo de Édipo. A partir de 1958, apoiando-se nas obras de Freud, Lacan articula inicialmente a noção do pai com aquela do complexo de Édipo, sob a forma de uma implicação lógica:

> Não se coloca a questão do Édipo se não houver pai; inversamente, falar de Édipo é introduzir como essencial a função do pai.[2]

Prosseguindo sua reflexão, Lacan faz depois uma colocação capital, referente à distinção entre o Pai *simbólico* e a *presença* do pai contingente, ou seja, *real*, nesses termos:

> Será que um Édipo pode se constituir de maneira normal quando não há pai? ... Percebemos que não é assim tão simples, que um Édipo poderia muito bem se constituir mesmo que o pai não estivesse lá ... . Os complexos de Édipo inteiramente normais, normais nos dois sentidos, tanto normativizantes, por um lado, quanto normais enquanto desnormativizam, quero dizer, por exemplo, quanto a seus efeitos neurotizantes, seriam estabelecidos de uma maneira exatamente homogênea aos demais casos, mesmo que o pai não estivesse ali.[3]

Continuando a circunscrever a incidência do pai no complexo de Édipo, Lacan se esforça então por especificar, não mais os infortúnios inerentes a sua ausência, mas, mais precisamente, a influência induzida pelas eventualidades de sua presença – a famosa *carência paterna*:

> No que concerne à carência, desejaria simplesmente fazê-los observar que quando o pai é carente e na medida em que se

---

2 J. Lacan, *Les formations de l'inconscient*, op.cit., seminário de 15/1/1958.
3 Ibid.

> fala em carência, jamais se sabe do quê ... Entreviu-se o problema de sua carência, não de uma forma direta ... mas como ficou evidente a partir da primeira abordagem. É enquanto membro do trio fundamental, ternário da família, isto é, enquanto mantendo seu lugar na família, que se poderia começar a dizer coisas um pouco eficazes a respeito da carência ... Falar de sua carência na família não é o mesmo que falar de sua carência no complexo. Porque, para falar de sua carência no complexo, é preciso introduzir uma outra dimensão que não a realista.[4]

Colocada esta distinção, e por ela reforçada a diferença existente entre o Pai simbólico e o Pai real, Lacan precisa, enfim, o estatuto autêntico do pai estruturalmente implicado no complexo de Édipo:

> O pai não é um objeto real, então o que é ele? ... O *pai é uma metáfora.* Uma metáfora, o que é isso? É um significante que vem no lugar de um outro significante. ... O pai é um significante que substituiu outro significante. *E é este o motor, e o único motor essencial do pai enquanto interventor no complexo de Édipo.*[5]

Essas diferentes elucidações formuladas por Lacan podem, pois, se ordenar segundo quatro linhas mestras essenciais que dão conta, perfeitamente, da função exata desempenhada pela instância paterna no processo edipiano.

1) A noção de função paterna institui e regula a dimensão do complexo de Édipo (dimensão conflitual).

2) O desenvolvimento da dialética edipiana requer certamente a instância simbólica da função paterna, sem no entanto exigir a presença necessária de um Pai real.

---

4 Ibid., seminário de 22/1/1958.

5 Ibid. (o grifo é meu).

3) A carência do Pai simbólico, isto é, a inconsistência de sua função no decorrer da dialética edipiana, não é absolutamente coextensiva à carência do Pai real em sua dimensão realista.

4) A instância paterna inerente ao complexo de Édipo é exclusivamente simbólica, posto que é metáfora.

* * *

Paradoxalmente, o limiar do processo edipiano se caracteriza precisamente pelo eclipse da instância paterna. Não que o pai real não se manifeste como tal. Ao contrário, tudo se passa mesmo como se ele só interviesse ali exclusivamente em sua contingência realista, a qual permanece sem incidência preponderante ao nível de uma mediação qualquer dos móbeis edípicos.

A criança está, com efeito, cativa num certo modo de relação com a mãe, diante da qual o pai, como Pai real, é *estranho*. De resto, esta relação é chamada, apropriadamente, de *relação fusional*, na medida mesma em que nenhuma instância exterior é suscetível de poder mediatizar seus móbeis do desejo. A indistinção fusional entre filho e mãe resulta, pois, essencialmente do fato de que o filho se constitui *como o único objeto que pode satisfazer o desejo da mãe*.

Ficando fora do circuito da relação mãe-filho, o pai real não pode, então, pretender de maneira alguma assumir sua função simbólica. E isso acentuado pelo fato de que o filho, enquanto objeto suscetível de satisfazer o desejo da mãe, está nesse momento *identificado ao seu falo*. Ora, vimos que esta função simbólica só tinha um caráter operatório na medida em que o pai se achasse investido da atribuição fálica.

Como o falo não está lá onde se o deveria supor, a criança, neste limiar do Édipo, mantém uma relação com o falo aparentemente estranha à castração, já que ela *é*, ela própria, o objeto fálico. Ora, semelhante objeto, em sua essência, é precisamente o objeto imaginário da castração. Resulta daí que a identificação fálica da criança é uma *identificação estritamente imaginária*. Nada há de surpreendente no fato de que esta identificação fálica, que só imaginariamente subtrai a criança à castração, a convoque de volta a ela.

Por esta razão, o *Pai real*, previamente estranho à relação mãe-filho, dificilmente poderia se manter durante muito tempo em tal exterioridade. Enquanto Pai real, sua presença vai aparecer inevitavelmente como cada vez mais embaraçosa para o filho, a partir do momento em que assumir uma certa consistência significativa diante do desejo da mãe e daquilo que o filho está apto a apreender dele.

A consistência do Pai real quanto ao desejo da mãe vai, então, começar a questionar a economia do desejo do filho sob esta forma de intrusão. Essa interpelação suscita nele, assim, um requestionamento de sua identificação imaginária com o objeto do desejo da mãe. A criança entra, a partir daí, num momento de incerteza psíquica quanto à questão de seu desejo relativamente à certeza que antes tinha dele diante do desejo da mãe. Só esta incerteza permite compreender como a criança começa a se confrontar com o registro da castração pela instância paterna.

Devido a esse confronto sub-reptício com a castração, esboça-se um novo móbil na dinâmica desejante da criança, que será daí em diante explicitamente vetorizada pela instância paterna. Cada vez mais, o Pai real surge diante da criança como alguém *que tem direito* quanto ao desejo da mãe. Todavia, esta figura daquele que tem direito não poderia, num primeiro tempo, atualizar-se junto à criança a não ser no terreno da *rivalidade fálica* diante da mãe. Rivalidade fálica na qual a figura paterna será triplamente investida pela criança, sob os ornamentos de um *pai privador, interditor e frustrador.*

O Pai real não precisa, de forma alguma, mostrar-se deliberadamente privador, interditor e frustrador para aparecer como tal diante da criança. Apenas a incerteza da identificação fálica da criança torna esta última, a partir de então, mais sensível a esta presença paterna intrusiva. Além disso, ameaçada em seus investimentos libidinais arcaicos junto à mãe, a criança começa a pressentir insensivelmente alguma coisa que sempre esteve ali: a incidência do desejo da mãe em relação ao desejo do pai. Por mais desconfortável que seja, esta descoberta só pode mobilizar a criança para pressentir o *Pai real* a uma luz cada vez mais imaginária. É, pois, essencialmente na qualidade de *Pai imaginário* que a criança vai perceber daí por diante este intruso que detém o direito, que priva, interdita e frustra: ou seja, as três formas de investimento que contribuem para mediatizar a relação fusional da criança com a mãe.

Por ser suposto opor à mãe a possibilidade de ser satisfeita pelo único objeto de desejo que é seu filho, o pai sobrevém, inevitavelmente, como um intruso *privador* no investimento psíquico da criança. Além disso, impedindo-a de tê-la toda para si, o pai, descoberto como um que tem direito à mãe, manifesta-se então à criança como *interditor*. A privação unida ao interdito só pode, enfim, suscitar na criança a representação de um *pai frustrador*, que lhe impõe ser confrontado com a falta imaginária desse objeto real que é a mãe e da qual ela necessita.

De um modo mais geral, o pai é pressentido como um objeto rival junto ao desejo da mãe, desde que aparece como *outro* (*heteros*) relativamente à díade fusional mãe-criança. Entretanto, se essa rivalidade fálica incita a criança a viver imaginariamente a presença paterna sob o aspecto de um *tirano totalitário*, nem por isso deixa de atestar um *deslocamento significativo do objeto fálico*. Apresentando-se à criança como um hipotético objeto do desejo da mãe, o pai se mostra aos olhos daquela como um falo rival. Assim, em torno da interrogação da criança: *ser ou não ser o falo da mãe*, efetuou-se um deslizamento que é o do próprio falo. Desde que se suspeita que o pai é um falo rival – ainda que hipotético –, *esboça-se a atribuição fálica paterna*. Mas, se isso acontece, é sob o modelo do "*ser*", já que ao pai ainda não é suposto "*ter*" o falo.

Além disso, tendo se deslocado o falo para o lugar da instância paterna – mesmo que o pai não seja ainda pressentido senão como sendo ele próprio um falo –, a criança é daí em diante conduzida, implicitamente, ao encontro com a *Lei do pai*. Através da rivalidade fálica orquestrada sob o modo da privação, da interdição e da frustração, a criança descobre igualmente que *a mãe é dependente do desejo do pai*. Em consequência, o desejo da criança pela mãe não mais pode evitar de chocar-se com a lei do desejo do outro (o pai) através do desejo da mãe. De sorte que a criança deve fazer sua esta nova prescrição que irá regular a economia de seu desejo: *o desejo de cada um é sempre submetido à lei do desejo do outro*. Mas, tendo em vista a opressão narcísica implicada por esta prescrição, ela tem a oportunidade de entrever um novo deslocamento do objeto fálico.

Se o desejo da mãe é submetido de certa maneira à instância paterna, suposta a privar, interditar e frustrar, disso resulta que a *mãe reconhece também a Lei do pai* como aquela que mediatiza seu próprio desejo. Uma única conclusão se impõe, portanto, à criança: o reconhecimento que ela tem dessa lei é apenas o *daquela que regula o desejo que ela tem de um objeto que não é mais a criança, mas que ao pai, em compensação, é suposto possuir*. A criança acede, assim, a um estádio no qual, como formula Lacan:

> Alguma coisa que destaca o sujeito de sua identificação o ata, ao mesmo tempo, à primeira aparição da lei sob a forma do fato de que, neste ponto, a mãe é dependente; dependente de

um objeto que não é mais, simplesmente, o objeto de seu desejo, mas um objeto que o outro tem ou não tem.[6]

Com este novo deslocamento do objeto fálico vai se inaugurar o tempo decisivo do complexo de Édipo, no qual a instância paterna vai se desfazer de seus ouropéis imaginários para advir ao lugar de *Pai simbólico*, isto é, um lugar no qual ele será *investido como aquele que tem o falo*.

Para apreender este momento crucial do advento do Pai simbólico, vamos recordar de forma sucinta a referência freudiana ao *fort-da*[7] que dá testemunho incontestável da instituição desse processo de simbolização. A reviravolta simbólica operada através do jogo do *fort-da* atesta, com efeito, a atualização de um certo processo de domínio* na criança: *o domínio sobre a ausência materna*. Expulsando-a e fazendo-a retornar simbolicamente através desse jogo do carretel, a criança se revela em duas atitudes inteiramente novas. Por um lado, numa *atitude psíquica ativa de sujeito*, e não mais na dimensão passiva de objeto do desejo do outro, que até então fora a sua. Por outro lado, a criança dá provas de uma *autêntica renúncia psíquica* à sua identificação primordial ao objeto que satisfaz o desejo do outro.

No entanto, o signo mais espetacular deste domínio reside, propriamente falando, no processo de *acesso ao próprio simbólico*, pelo qual Lacan nos mostra como a criança vai a partir daí se constituir como *sujeito* mediante essa operação inaugural a que ele chama *metáfora paterna* e seu mecanismo correlativo, *o recalque originário*.

---

6 J. Lacan, *Les formations de l'inconscient*, op.cit., seminário de 22/1/1958.

7 S. Freud, *Jenseits des Lustprinzips* (1920), G.W. XIII, 3-69, S.E. XVIII 1/64. Trad. francesa de J. Laplanche e J.B. Pontalis (2ª ed.), "Au-delà du principe de plaisir", in *Essais da psychanalyse*, op.cit., p.52s. ("Mais além do princípio de prazer", *ESB*, vol.XVIII.) Cf. também minha obra: *Introduction à la lecture de Lacan*, tomo I, op.cit., p.114s.

* Em francês, *maîtrise*, que significa igualmente *mestria*. (N.T.)

Na ordem do discurso, realiza-se uma construção metafórica pela substituição de um símbolo de linguagem por um outro símbolo de linguagem. Na medida em que a operação consiste em designar uma coisa pelo nome de outra coisa, a metáfora se desenvolve com base numa *substituição significante* no decorrer da qual um significante (o significante de origem) é provisoriamente recalcado em benefício do surgimento de um outro (o significante substituto).[8]

Podemos facilmente compreender a colocação do processo da metáfora paterna a partir do princípio desta substituição significante, na qual um significante novo virá tomar o lugar do significante originário do desejo da mãe. Este último, recalcado em benefício do novo, vai se tornar daí em diante inconsciente. Só este *recalque originário* é suscetível de provar que a criança renunciou ao objeto inaugural de seu desejo. Em outras palavras, ela só pode renunciar a ele na medida em que aquilo que o significa tornou-se inconsciente para ela.

O algoritmo desta substituição nos é proposto por Lacan da seguinte maneira:

$$\frac{S_2}{\not{S}_1} \cdot \frac{\not{S}_1}{s_1} \longrightarrow S_2\left(\frac{I}{S_1}\right)$$ [9]

Por convenção, coloquemos o algoritmo $\frac{S_1}{s_1}$ como a expressão significante do desejo originário da criança:

$$\frac{S_1}{s_1} \Longleftrightarrow \frac{\text{Significante do desejo da mãe}}{\text{Ideia do desejo da mãe: falo}}$$

---

8 O princípio dessa substituição significante na metáfora é desenvolvido em detalhe em meu livro *Introduction à la lecture de Lacan*, tomo I, op.cit., cap.6, p.54s.

9 Cf. J. Lacan, "D'une question préliminaire à tout traitement possible de la psychose", in *Écrits*, Paris, Seuil, 1966, p.557. ("De uma questão preliminar a todo tratamento possível da psicose", in *Escritos*, Rio de Janeiro, Zahar, 1998.) A fórmula explícita de Lacan é a seguinte: $\frac{S}{\not{S}'} \cdot \frac{\not{S}'}{x} \rightarrow S\left(\frac{I}{s}\right)$.

É a partir dessa expressão significante do desejo originário que a criança vai introduzir um significante novo para designá-lo metaforicamente.

Na dialética edipiana, vimos que a criança era levada a abandonar a posição do *ser* (ser o falo) para aceder à do *ter*. Esta "passagem", todavia, só se poderá efetuar a partir do momento em que a criança tiver estabelecido uma associação significativa entre a ausência da mãe e a presença do pai. Mas, desde que se evoca uma associação significativa, supõe-se, necessariamente realizada, uma *designação simbólica*, já que uma coisa nunca faz sentido a não ser através de uma tal designação. Ora, aquela de que se trata aqui resulta, como veremos, de um processo metafórico.

Designando o pai como causa das ausências da mãe, a criança o *nomeia* como o que significa a ideia que ela tem daquilo que mobiliza o desejo da mãe. Assim, ela associa um significante novo, o *Nome-do-Pai* (S_2), ao significado *falo* (s_1). A introdução deste novo significante S_2 que substitui S_1 faz então com que este último passe ao inconsciente. Ao final da substituição metafórica, o pai é doravante referido ao falo pela criança, enquanto objeto do desejo da mãe.

É apenas nessa medida que o *Pai real* foi investido como *Pai simbólico*, pela mediação do *Pai imaginário*. Entretanto, esta referência ao pai, daí por diante associada à ideia do desejo da mãe, é apenas um puro significante, o *Nome-do-Pai*, como insiste, muito justamente, Lacan:

> A função do pai no complexo de Édipo é de ser um significante que substituiu o significante, ou seja, o primeiro significante introduzido na simbolização, isto é, o significante materno.[10]

[10] J. Lacan, *Les formations de l'inconscient*, op.cit., seminário de 15/1/1958.

A saída deste processo de simbolização está plena de potencialidades estruturantes para a criança.

Significando o pai como causa desejante das ausências da mãe, a criança continua, de fato, a designar o objeto fundamental do seu desejo. Mas ela o faz sem saber, dado que o significante originário do desejo da mãe foi recalcado. Em consequência, produzindo o significante Nome-do-Pai, a criança nomeia de forma igualmente metafórica o objeto fundamental de seu desejo. Daí resulta que o símbolo da linguagem tem por função principal perpetuar o objeto originário do desejo numa designação, sem que o sujeito daí por diante saiba alguma coisa sobre isso. *A divisão do sujeito pela ordem significante* (Spaltung) *é, portanto, uma consequência direta de seu acesso à ordem simbólica.*[11]

A renúncia da criança ao objeto fundamental de seu desejo, se é, antes de mais nada, uma renúncia simbólica, não é no entanto derrisória. Abrindo para ela, propriamente falando, o acesso ao simbólico, essa renúncia lhe assegura a possibilidade de poder se manifestar aí, ela mesma, como *sujeito*, a partir do momento em que é ela quem designa. A primeira designação, inaugural, que testemunha o seu estatuto de sujeito, é a do Nome-do-Pai, seguindo-se daí que o sujeito se produz nesta designação como *sujeito desejante*, já que só fará, sempre, continuar a significar, na linguagem, o objeto primordial de seu desejo.

Além disso, fazendo-a advir como sujeito desejante, essa renúncia traduz explicitamente a expressão de sua própria *castração*. O advento do *Pai simbólico* como Nome-do-Pai atesta, com efeito, o reconhecimento de um *Pai castrador* pela criança, não apenas em razão da atribuição fálica que lhe é conferida, mas ainda pelo próprio fato de que a mãe é suposta

---

11 Sobre a *divisão do sujeito*, cf. *Introduction à la lecture de Lacan*, tomo I, op.cit., caps.15 e 16, p.128-44.

encontrar junto a ele o objeto desejado que ela não tem. O *Pai simbólico*, pois, só surge para a criança como *Pai castrador* estritamente na medida em que a criança o investe igualmente como um *Pai doador* diante da mãe. Assim, a *metáfora do Nome-do-Pai, que atualiza a castração, é necessariamente isomórfica à simbolização da Lei*. Em consequência, a castração só poderia intervir no complexo de Édipo sob o aspecto de uma *castração simbólica*, à falta da qual permaneceria radicalmente ininteligível. De fato, tendo por objeto o falo, ela não pode traduzir outra coisa que não *a perda simbólica de um objeto imaginário*.[12]

* * *

Por desconcertante que seja, a emergência do pai, enquanto metáfora pura e simples, não deixa de subsistir como a única investidura estruturante para a criança. Mas, da mesma maneira, ela permanece rica em avatares irreversivelmente determinantes quanto ao seu porvir.

---

12 Essa definição é uma referência direta à problemática da *falta de objeto*, sobre a qual Lacan nos mostra que ela só pode se manifestar em três ocorrências específicas: a *frustração*, que é a falta imaginária de um objeto real; a *privação*, que é a falta real de um objeto simbólico; e a *castração*, que é a falta simbólica de um objeto imaginário. Cf. *La relation d'objet et les structures freudiennes*, 1956-57, livro IV, Paris, Seuil, 1994, seminários de 5 e 12 de dezembro de 1957 (*A relação de objeto*, Rio de Janeiro, Zahar, 1995).

V. *A função paterna e seus avatares*

O papel *princeps* desempenhado pela *metáfora do Nome-do-Pai* na estruturação psíquica da criança permite compreender, retrospectivamente, em que o estatuto do Pai real é secundário na medida em que a criança não chega a investi-lo, num momento dado, como Pai simbólico. Em outras palavras, a presença ou ausência do Pai real cedem a vez diante da incidência mediadora do Pai simbólico.

Como o Pai simbólico tem por estatuto uma *existência significante*, apenas, este significante Nome-do-Pai pode, pois, ser sempre potencialmente presentificado como instância mediadora na ausência do Pai real. Basta que ele o seja *no discurso da mãe*, de tal forma que a criança possa entender que o desejo da mãe se encontra, ele mesmo, referido a ele – ou, em caso extremo, que o tenha estado, ao menos durante certo tempo.

A instituição da função paterna é diretamente tributária da *circulação do falo* na dialética edipiana. Todavia, esta circulação supõe, por sua vez, que diferentes protagonistas sejam levados a ocupar lugares específicos nesse espaço de configuração edipiana. Ainda que se trate de lugares, isso não implica que os protagonistas sejam, no entanto, elementos situáveis indiferentemente entre eles. Um pai não pode *ser* uma mãe; da mesma forma, uma mãe não pode substituir um pai. Isso não está em contradição com o fato de que uma mãe pode sempre *identificar-se com um pai*, e vice-versa. No primeiro caso, costumamos dizer que uma mãe está numa *posição paterna* com relação a seu filho. De resto, é esta a única ocorrência em que é possível falar em *mãe fálica*. No segundo caso, o pai é dito estar numa *posição materna*. Todavia, num como noutro caso, trata-se apenas de *problemas identificatórios*, isto é, dispositivos imaginários. Por essa razão, semelhantes posições identificatórias não têm, pois, o alcance simbólico que lhes é, respectivamente, atribuído. No máximo, constituem parâmetros perturbadores e invalidantes, quanto à demarcação do falo pela criança, em sua trajetória edipiana.

Pode-se sempre questionar: por que tais casos modelos não induzem efeitos simbólicos da mesma maneira que a vetorização habitual da função paterna?

Para reter apenas um caso modelo deliberadamente exemplar, vamos evocar a amplitude dos tormentos imaginários com que se defrontam os casais de mulheres homossexuais que têm filhos. Num casal como esse, por que uma das parceiras femininas não poderia jamais assumir a função paterna, por mais que se esforçasse para isso junto à criança?

A solução deste problema, por mais que as homossexuais experimentem sofrimento ao tentar resolvê-la, é infelizmente bem mais simples: está ligada, fundamentalmente, ao real da diferença entre os sexos. Ora, quer se queira sabê-lo ou não, esta é irredutível. O papel materno é inexpugnável, no sentido em que é instituído e sustentado pela questão da diferença dos sexos aos olhos da criança. Por sua vez, a função paterna só é operatória simbolicamente por proceder diretamente dela. Em outras palavras, é *a lei do falo que é determinante.*

Certamente, basta que o significante *Nome-do-Pai* seja convocado pelo discurso materno para que a função mediadora do Pai simbólico seja estruturante. Mas é necessário ainda que este significante Nome-do-Pai seja explicitamente, e sem ambiguidades, referido à existência de um terceiro, marcado em sua diferença sexual relativamente ao protagonista que se apresenta como mãe. É só nessas condições que, na ausência do Pai real, o significante Nome-do-Pai pode ter todo o seu alcance simbólico. Por essa razão, é claro que *não pode existir função materna no sentido de uma equivalência simetricamente substituível à função paterna.*

A fantasia de uma tal função remete, evidentemente, ao mito da horda primitiva e a suas consequências. Instituindo a *castração simbólica*, este mito inscreve simbolicamente a problemática da diferença dos sexos com relação ao falo. De modo que o falo, ou, mais exatamente, o *significante fálico*, só tem uma função: *a de simbolizar a própria diferença sexual.* E é justamente essa função de referência que impõe a todo sujeito ter que negociar sua própria identidade sexual perante este significante fálico. Assim, não é por acaso que Lacan insiste em designar esta incidência do significante fálico como *significante da falta no Outro:* S(Ⱥ).[1]

Da mesma maneira, Lacan inscreve a primazia desse significante em suas famosas fórmulas da sexuação, propondo algoritmos lógicos radicalmente *diferentes* para simbolizar a sexuação das mulheres.[2] Essa diferença de inscrição significa apenas que não existe, para as mulheres, outra referência à castração além daquela que opera para os homens: o *Nome-do-Pai*, ou seja, este "ao menos um" Pai simbólico, não castrado e detentor do falo.

* * *

Sob certos aspectos, todos os avatares da função paterna permanecem, portanto, suspensos no destino que é reservado ao *significante da falta no Outro:* S(Ⱥ).

1 Cf. J. Dor, *Introduction à la lecture de Lacan*, tomo I, op.cit., cap.25, p.245.

2 $\overline{\exists x}\ \overline{\Phi x}$ e $\overline{\forall x}\ \Phi x$. Cf. Joël Dor, *Structure et perversions*, op.cit., cap.16, p.217-27.

O significante da falta no Outro especifica, antes de mais nada, a prevalência da castração. É neste lugar que o desejo da criança vai encontrar a lei do desejo do outro, a do pai. Nessas circunstâncias, a mãe irá se revelar como uma ocorrência barrada enquanto objeto de gozo.

Vimos que isso não poderia advir como processo de simbolização estruturante para a criança, a não ser na medida em que o pai lhe aparecesse como suposto a *ter* o falo. O que equivale a dizer que a função paterna só é operatória sob a condição de que seja investida do estatuto de *instância simbólica mediadora.*

A sorte dessa atribuição fálica escande, assim, a dialética edipiana abrindo caminho para potencialidades de "cristalizações" significativas, das quais dependerá diretamente a organização das principais estruturas psíquicas: a *estrutura perversa*, a *estrutura obsessiva*, a *estrutura histérica*, e até mesmo, por sua falta, as *estruturas psicóticas*, como veremos mais adiante.

FUNÇÃO PATERNA E ESTRUTURA PERVERSA[3]

A intrusão da figura do Pai imaginário, fantasiado pela criança, tal como um concorrente fálico junto à mãe, esboça a passagem da dialética do *ser* para a do *Ter.* Todavia, essa passagem só pode se efetuar logicamente sob a condição de que o pai apareça claramente à criança, num dado momento, como aquele que é suposto deter o objeto que a mãe deseja.

Daí resulta que a mãe deve saber se significar para a criança como uma *mãe faltosa* que não seria de forma alguma satis-

3 A problemática da estruturação perversa só será evocada aqui de modo sucinto. Ela foi sistematicamente desenvolvida em minha obra *Structure et perversions*, op.cit., à qual eu remeto.

feita pela criança, identificada ela própria ao seu falo. Nesse sentido, se a criança se vê confrontada com uma inevitável estase do desejo diante da função fálica – ser ou não ser o falo do Outro? –, nem por isso ela deixa de ser solicitada a um reconhecimento do real da diferença dos sexos, daí por diante subentendida pela *falta* do desejo que prefigura, para ela, *a assunção da castração.*

Da mesma maneira, o discurso da mãe que deixa em suspenso o questionamento da criança quanto ao objeto do desejo materno vai incitá-la a conduzir sua interrogação para além do lugar onde sua identificação fálica conhece um ponto de parada, isto é, a instância paterna da qual a mãe se assinala então como dependente. Esta proposição aberta em benefício de um investimento simbólico no pai pode, no entanto, dar lugar a um avatar do móbil fálico que se enquista naquilo que Lacan designa como "o ponto de ancoramento das perversões".

De fato, por pouco que essa promoção psíquica no investimento da figura do pai encontre então qualquer substrato favorável a alimentar o equívoco através dos significantes maternos e paternos, nada mais é preciso para que tal ponto de ancoramento encontre a base que lhe convém numa *identificação perversa*, a qual perpetua, sob o modo de uma fixação particular, a identificação fálica primordial da criança.

Assim "capturada" na fronteira da dialética do ser e do ter, a criança vai se fechar então na representação de uma *falta não simbolizável* que traduz o desmentido* *permanente* que ela irá a partir daí manter quanto à castração da mãe. Posto que o pai não pode ser destituído de sua investidura como rival fálico, fora da intercessão do significante da falta no Outro, a passagem do registro do *ser* para o do *ter* só será efetuada, neste caso, num espaço psíquico marginal. Assim,

* Em francês, *désaveu.* (N.R.)

a atribuição fálica do pai que lhe confere a autoridade de *Pai simbólico* (representante da Lei) nunca será reconhecida, aqui, exceto para melhor ser incansavelmente contestada. Daí o exercício incapaz de ser superado de dois estereótipos estruturais que atuam regularmente nas perversões: o *desafio* e a *transgressão*.

Não é preciso dizer que a ambiguidade indutora das estruturações perversas só é capaz de vetorizar a função paterna nessa vertente marginal sustentando-se em vários fatores favorecedores. Nesse sentido, para fazer aqui apenas uma referência sucinta, vamos mencionar o *apelo sedutor e a cumplicidade libidinal da mãe*, associados à *complacência silenciosa do pai*.[4]

* * *

FUNÇÃO PATERNA E ESTRUTURA OBSESSIVA

A experiência clínica tende a corroborar a observação corrente segundo a qual o sujeito obsessivo teria se sentido demasiadamente amado pela mãe. Alguns, aliás, não hesitam em explorar esta particularidade fenomenológica como um elemento de diagnóstico diferencial com relação à histeria, onde é de praxe registrar-se uma queixa circunstancialmente inversa. Mas, na medida em que a histérica se compraz com mais frequência numa reivindicação reparadora quanto a um amor materno considerado falho, nem por isso esta oposição é menos sujeita a reservas. Todavia, esse bosquejo fenomenológico constitui um elemento precioso para abordar as incidências determinantes da estrutura obsessiva.

---

[4] Cf. J. Dor, *Structure et perversions*, op.cit., cap.11, p.155-8.

Um avatar da função paterna é pressentido, inelutavelmente, por trás das lamentações passivas que o obsessivo desdobra, repetidamente, com relação à invasão do amor da mãe. Gemendo sobre seu estatuto de objeto *privilegiado* do desejo materno, o obsessivo testemunha, sem saber, o investimento fálico preponderante que se operou sobre ele. Assim como convém designar os sujeitos histéricos como *militantes do ter*, o obsessivo já se apresenta como um *nostálgico do ser*, que comemora, incansavelmente, os vestígios de um modo particular de relação que a mãe manteve com ele. Não há romance familiar obsessivo em que o interessado não se remeta a este privilégio de ter sido pressentido como o filho preferido pela mãe. Nos móbeis do desejo mobilizados pela lógica fálica, esse "privilégio" não deixa de despertar na criança um investimento libidinal precoce. Ela se encerra igualmente, de boa vontade, numa crença psíquica que lhe confere um lugar de objeto junto ao qual a mãe seria suscetível de encontrar aquilo que é suposto esperar do pai.

Identificamos aí, posta em causa, esta articulação decisiva da passagem do *ser* ao *ter*, na qual a mãe deve se significar como dependente do pai, enquanto aquele que lhe "faz a lei" (Lacan) do ponto de vista de seu desejo. Apenas a significação desta "independência" mobiliza a criança na dimensão do ter. Em consequência, toda ambiguidade do discurso materno pode favorecer a instalação imaginária da criança num dispositivo de *suplência* à satisfação do desejo da mãe.

A lógica da organização obsessiva se apoia neste dispositivo de suplência. Impõe-se uma precisão. Não se trata, no caso, de uma *suplência ao objeto do desejo da mãe*. Neste caso, estaríamos na presença de determinações propícias à organização de estruturas perversas, até mesmo psicóticas. No presente caso, a criança só é convocada imaginariamente a *suprir a satisfação* do desejo materno na medida em que esta satisfação lhe é significada como *falha* pela mãe, à qual, à sua revelia, consolida assim sua adesão equívoca à função paterna.

Se a criança percebe corretamente a dependência desejante da mãe em relação ao pai, nem por isso deixa de reter a mensagem de uma insatisfação materna a propósito daquilo que ela é suposta esperar dele. Trata-se, portanto, de uma vacância parcial da satisfação do desejo materno que suscita, na criança, a necessidade de preenchê-la.

Assim como o *desejo da mãe* faz referência à investidura do Pai simbólico, convocando a criança a assumir a castração que daí resulta, igualmente a satisfação insuficiente desse desejo materno constitui um apelo regressivo à manutenção da identificação fálica da criança. Daí a "nostalgia" de um retorno ao *ser*, vivamente cobiçado, mas nunca plenamente realizado.

É por essa inscrição singular perante a função paterna que a criança negocia sua transação psíquica entre o ser e o ter. Daí resulta, pois, uma problemática específica do obsessivo em relação a seu acesso ao universo de desejo e da Lei, cujos vestígios mais notáveis não cessam de se exercer sobre o modo de *gozo passivo* e na *revolta competitiva* com relação ao lugar de qualquer figura de autoridade que reative a imago paterna.

Ali onde, logicamente, a criança deveria ser confrontada com a insatisfação, o futuro obsessivo está, em vez disso, cativo da satisfação na relação de suplência que mantém diante do investimento desejante materno. Enquanto que ordinariamente o desejo se separa da necessidade para entrar no processo da demanda, no caso presente, em lugar de se chocar com a falta e se escoar na expectativa da demanda, o desejo é curto-circuitado pela mãe insatisfeita que encontra aí um objeto de suplência.

Este encargo prematuro permite compreender o caráter particular do desejo do obsessivo que carrega sempre *o selo exigente e imperativo da necessidade.* Disso resulta uma *enfermidade do lado da demanda* que o inscreve numa passividade masoquista, impondo-lhe ter que fazer com que o outro adivinhe e articule aquilo que ele mesmo não consegue demandar. De modo geral esta enfermidade estrutural se traduz pela *servidão voluntária* do obsessivo, que o obriga a *dever* assumir todas as consequências de sua atitude passiva. Do mesmo modo, ele se compraz em ocupar, de bom grado, o lugar de objeto de gozo do outro, que o remete ao estatuto fálico infantil, no qual se encontrou precocemente encerrado como filho privilegiado pela mãe. Igualmente a *queixa repetitiva* da qual se beneficia, sobre este fundo de sadização, lhe permite, em troca, assumir plenamente seu próprio gozo.

A *culpa* vai então tornar-se a expressão mais direta desse privilégio quase incestuoso da criança quanto à castração. Fixado eroticamente na mãe, o obsessivo permanece continuamente cativo do temor da castração, o qual ele vai negociar, sintomaticamente, no terreno da *perda*.

Da mesma forma que o obsessivo apresenta uma tendência a se constituir como *tudo para o outro*, assim também ele deve, despoticamente, *tudo controlar e dominar* para que o outro não lhe escape de forma alguma. Semelhante ambivalência cultivada com relação ao estatuto fálico e à perda inerente à castração induz no obsessivo uma *problemática específica no que diz respeito ao pai*, e, mais além, perante qualquer figura que remeta, metonimicamente, à autoridade paterna.

É por ser onipresente que a imago paterna alimenta e mantém a dimensão da *rivalidade* e da *competição* em tais sujeitos. O obsessivo não cessa de desdobrar uma atividade contínua para substituir o pai – e seus representantes – e ocupar seu lugar junto à mãe. Os mais arcaicos votos de morte inconscientes ressurgem assim constantemente ao encontro de toda figura paterna *cujo lugar convém tomar*. Esta preocupação em "tomar o lugar" do outro abre uma via para todas as lutas de prestígio, todos os combates grandiosos e dolorosos nos quais, paradoxalmente, o obsessivo não perde uma oportunidade de se confrontar com a castração.

Inversamente à histérica, quanto mais o *Mestre* é insuportável ao obsessivo por ser suposto deter aquilo que ele cobiça, tanto mais este Mestre lhe deve aparecer enquanto tal e assim permanecer. Se o obsessivo tem necessidade de um Mestre, não se deve perder de vista que todas as estratégias de rivalidade e competição destinadas a desafiá-lo surgem sempre apenas para melhor assegurar que este lugar é inconquistável. Com efeito, é justamente porque o pai está em seu lugar que sua colocação à prova reiterada tem por objetivo assegurar-se da existência salvadora da castração, temperando, dessa maneira, a erotização incestuosa com a mãe na qual o obsessivo está inconscientemente encerrado.

Tal como um herói, o obsessivo sofre deste despedaçamento épico entre a Lei do Pai; à qual é preciso tudo sacrificar, e esta mesma lei que se deve, além disso, derrotar e dominar por sua própria conta. Essa luta imperturbável se desloca sobre múltiplos objetos de investimento, contribuindo assim para definir esse perfil específico da personalidade obsessiva que Freud definia sob a designação de "caráter anal".[5]

* * *

FUNÇÃO PATERNA E ESTRUTURA HISTÉRICA

Ainda uma vez, é em torno do modo de encargo psíquico da passagem do *ser* ao *ter* que podemos demarcar os pontos de cristalização determinantes da organização histérica no que diz respeito à função paterna. No presente caso, convém insistir,

[5] S. Freud, *Charakter und Analerotik* (1908), G.W. VII, 203-9, S.E. IX, 167-75. Tradução francesa: D. Berger, P. Bruno, G. Guérineau, F. Oppenot, "Caractere et érotisme anal", in *Névrose, psychose et perversion*, Paris, PUF, 1973, p.143-9. ("Caráter e erotismo anal", *ESB*, vol.IX.)

antes de mais nada, na inversão dialética do ser para o ter, a propósito da qual Lacan traz o seguinte esclarecimento:

> Para tê-lo (o falo), é preciso inicialmente que tenha sido colocado que não se o pode ter, que essa possibilidade de ser castrado é essencial para que se assuma o fato de ter o falo. É este o passo que deve ser dado; é aí que deve intervir em algum momento, eficazmente, realmente, efetivamente o pai.[6]

O móbil histérico representa, por excelência, a questão desse "passo a ser dado". A assunção da conquista do falo só é fundamental na medida em que é através dela que a criança se esquiva à rivalidade fálica na qual se instalou tão imaginariamente quanto nela convocou o pai. Sob certos aspectos, essa assunção fálica atesta, pois, este momento decisivo designado por Freud como o "declínio do complexo de Édipo".[7]

A lógica do desejo histérico se inaugura, assim, no investimento psíquico da atribuição fálica do pai. Se o pai deve "fazer a prova" (Lacan) dessa atribuição, veremos que toda a economia desejante histérica não vai cessar de se esforçar para *pôr à prova* este "fazer a prova".

> É na medida em que ele (o pai) intervém como aquele que tem o falo, e não que o é, que pode se produzir alguma coisa que reinstaure a instância do falo como objeto desejado pela mãe e não mais somente como objeto do qual o pai a pode privar.[8]

A histérica vai, assim, interrogar e contestar sem descanso a atribuição fálica, numa oscilação psíquica constante em

6 J. Lacan, *Les formations de l'inconscient*, op.cit., seminário de 22/1/1958.

7 S. Freud, *Der Untergang des Odipuskomplexes* (1923), G.W. XIII, 395-405, S.E. XIX, 171-9. Tradução francesa de D. Berger e J. Laplanche, "La disparition du complexe d'Œdipe", in *La vie sexuelle*, Paris, PUF, 1969, p.116-22. ("A dissolução do complexo de Édipo", *ESB*, vol.XIX.)

8 J. Lacan, *Les formations de l'inconscient*, op.cit., seminário de 22/1/1958.

torno dessa "alguma coisa" sublinhada por Lacan. Podemos traduzir essa posição psíquica como uma indeterminação que se desenvolveria entre as duas opções seguintes: por um lado, o pai tem o falo por direito, o que explica que a mãe possa desejá-lo junto a ele; por outro lado, o pai só tem o falo na medida em que dele privou a mãe. Evidentemente que é sobretudo em torno da segunda vertente dessa oscilação que a histérica vai manter esta colocação à prova da atribuição fálica.

Aceitar que o pai apareça como o único *depositário legal* do falo é engajar seu desejo junto a ele sob o modo de *não tê-lo*. Em contrapartida, contestar o falo paterno na medida em que ele só o tem por tê-lo tomado da mãe é promover uma reivindicação permanente relativa ao fato de que a mãe também poderia tê-lo por direito.

Nesse sentido, qualquer ambivalência cultivada pela mãe e pelo pai quanto à exata inscrição da atribuição fálica pode, nesse momento, concorrer favoravelmente para a organização de uma estrutura histérica.

Com efeito, os traços estruturais mais notáveis da histeria estão enraizados no terreno da *reivindicação do ter*. Conforme a histérica seja mulher ou homem, essa reivindicação irá assumir contornos fenomelógicos diferentes. Todavia, o processo não deixará de se desenvolver numa dinâmica idêntica: conquistar o atributo do qual o sujeito se considera injustamente desprovido. Quer se trate para a mulher histérica de "se fazer de homem" (Lacan), ou ao contrário, para o homem, de se atormentar em dar as provas de sua virilidade, a coisa não muda em nada. Tanto de um lado como do outro, subsiste uma adesão fantasística idêntica ao objeto fálico e a sua posse suposta, traduzindo, por aí mesmo, a confissão de que o sujeito não poderia tê-lo. Daí a existência de um traço inaugural que satura toda a economia psíquica da estrutura do histérico: sua *alienação subjetiva ao desejo do Outro*.

É justamente porque o histérico se sente injustamente privado do objeto do desejo edipiano – o falo – que a dinâmica do desejo vai essencialmente ressoar ao nível do ter. De fato, o histérico não tem outra saída senão delegar a questão de seu próprio desejo junto ao Outro que é suposto tê-lo, o qual, em consequência, é sempre pressentido, então, como detentor da resposta para o enigma do desejo.

Semelhante estratégia serve de suporte privilegiado à *identificação histérica* que observamos de maneira onipresente tanto nas mulheres quanto nos homens.

Por exemplo, uma mulher histérica vai se identificar, de bom grado, com uma outra mulher, desde que esta última saiba se apresentar como alguém que não tem o falo mas pode contudo desejá-lo num outro. Neste caso, tal mulher aparece como alguém que soube resolver o enigma do desejo: como desejar, quando se foi privado daquilo a que se supõe ter direito? Daí a subsequente identificação da histérica a uma tal mulher desejante.

A identificação histérica também pode se constituir inicialmente sob o modelo daquela que, não o tendo, reivindica-o como podendo, apesar de tudo, vir a tê-lo. Trata-se aí de um processo identificatório a que chamaríamos de *identificação militante*, ou ainda, *identificação de solidariedade*, o que testemunha, uma vez mais, a cegueira sintomática que consiste em ocultar que só se pode desejar o falo sob a única condição de ter previamente aceitado o não tê-lo. Em todos os casos, esses processos identificatórios dão testemunho da alienação subjetiva da histérica em sua relação com o desejo do outro.

Não é preciso mais para compreender essa disposição quase fatal da histérica a assujeitar seu próprio desejo àquilo que imagina ou pressente ser o desejo do Outro, e a dedicar-se a responder a ele antecipadamente. Além do fato de esse excesso de delegação imaginária se prestar favoravelmente a toda sorte de sugestionamentos, observamos mais comumente, nessa dinâmica de assujeitamento, a eleição privilegiada do lugar do Mestre, do qual a histérica não poderia se afastar para cultivar sua aptidão ao desconhecimento da questão de seu desejo e à insatisfação que disso resulta. No caso, não é indispensável, necessariamente, que o eleito apresente quaisquer disposições comprovadas ao exercício da mestria. Importa, porém, antes de mais nada, que a histérica o entronize, à sua revelia, em tal lugar, na sua economia psíquica. O interesse desse investimento fantasístico jamais excede a estratégia inconsciente que a consome: pôr à prova, inexoravelmente, a atribuição fálica assim suposta ao Mestre, para melhor poder destituí-lo dela.

O fervor das histéricas em praticar a mascarada do dar a ver, do fazer valer o outro identificado a um objeto que ela deve fazer reluzir, e até mesmo as cruzadas masoquistas que santificam a abnegação sacrificial consentida ao desejo do Outro, tudo isso perpetua seu ponto de ancoramento estruturalmente sintomático quanto à função paterna.

* * *

Por mais que essas diversas ocorrências determinantes na organização psíquica dos sujeitos permaneçam todas, de uma maneira ou de outra, dependentes da sorte destinada à atribuição fálica do Pai simbólico, isso jamais implicou que *haja* realmente o falo, e, *a fortiori*, que um pai deva se esforçar para demonstrar à criança que o detém de verdade. Contraditoriamente, qualquer manobra paterna que se desenvolva nesse sentido se toma alarmante, visto que conduz a criança a perder o marco essencial em torno do qual intervém o falo para ela.

De fato, este marco lhe permite, em primeiro lugar, resituar o lugar exato do desejo da mãe. É preciso, portanto, que esse falo seja suposto ao pai pela própria criança, a partir daquilo que ela pressente do desejo do Outro (a mãe). Toda demonstração do pai que tenda a fornecer à criança a prova de que ele o tem na realidade está necessariamente destinada ao fracasso. Por um lado, porque tal prova permanecerá para todo o sempre imaginária. Por outro lado, porque ela invalida as virtudes estruturantes da demarcação do desejo da mãe para a criança.

Ademais, tentar dar a prova de que se tem realmente o falo é, ao contrário, demonstrar que não se o tem, ou ao menos de que não se está certo de o ter. Não pode ser de outra maneira, devido ao caráter intrinsecamente imaginário do objeto fálico. Além disso, tal demonstração concorre inevitavelmente para manter a criança na ideia de que *não há falta*. Sem o saber, o pai atribui à criança, então, um lugar onde posteriormente ela só poderá se submeter ao *imaginário da onipotência fálica*.

Enfim, um pai que se lança numa tal problemática de prova diante do filho confirma diante deste, sem o saber, que é vítima da mesma coisa. Imaginando que é preciso realmente tê-lo e recusando a castração, ele demonstra dessa maneira que contesta a dimensão da falta por sua própria conta.

* * *

Vamos ilustrar um desses avatares mediante um fragmento clínico, onde veremos como certas ambiguidades induzidas quanto à demarcação do falo são suscetíveis de cristalizar o ordenamento da economia psíquica no caminho de uma organização histérica.

Durante uma sessão, um jovem paciente me contou essa historieta de sua infância.[9]

---

9 A história que narro aqui, com o consentimento do interessado, foi voluntariamente cortada de referências anamnésicas mais precisas.

Quando tinha cinco ou seis anos, seu pai tinha o hábito de convidá-lo a partilhar um ritual de aparência bastante inocente. Toda vez que ia tomar banho, pedia ao filho para assisti-lo nessa operação que assumia, invariavelmente, o aspecto de uma ablução pedagógica. Do fundo da banheira, o pai instruía doutamente o filho sobre as coisas da vida, com grande erudição.

Apesar dos magistrais esforços educativos de seu pai, o menino, completamente subjugado pela visão do pênis daquele, permanecia bastante surdo aos assaltos de eloquência com os quais lhe era dispensado um saber precioso. Durante essas sessões de sapiência paterna, ele ficava sempre muito angustiado pelo tamanho daquele sexo que, não apenas parecia impressionante aos seus olhos de criança, como ainda o transportava, *ipso facto*, a mudas ruminações inquietantes quanto ao futuro de seu próprio pênis.

Ao fim de um certo tempo, invariavelmente irritado pela desatenção de seu pequeno ouvinte, o pai punha um termo ao banho pedagógico, contando eternamente ao filho a mesma história de fadas.

Uma fada aparecia a um menino quando ele estava na escola. Mandava-o fazer um pedido em segredo e prometia-lhe que o pedido seria realizado assim que ele chegasse em casa. Depois a fada desaparecia. No final do conto, o pai se dirigia então ao filho – em meio a suas longas tagarelices sapientes, este momento era provavelmente o único em que lhe falava com autenticidade – e perguntava:

– Se fosse você o menino da história, que desejo teria formulado?

Em geral, em seu foro íntimo, por estar inteiramente fascinado pelo tamanho do pênis paterno, o menino desejava evidentemente se tomar proprietário, ele próprio, de um objeto tão avidamente cobiçado. Mas, não podendo explicar-se, costumava ficar mudo por alguns instantes e depois, expulsando com violência de seu pensamento o seu desejo mais íntimo, deixava-se dizer que gostaria de ganhar um saco de guloseimas, ou um bocado de dinheiro. Consternado pela falta de originalidade do filho, o pai saía então do banho e envolvia sua dignidade ofendida num roupão, deixando o filho plantado ao lado da banheira.

Um dia, impaciente com a indigência intelectual da criança, o pai, tal como Arquimedes, possuído por um clarão de perspicácia engenhosa no fundo da banheira, cometeu uma variação no seu conto de fadas.

A fada vem, como sempre, visitar o garotinho na escola, mas nessa manhã este está com dificuldades para escolher o seu desejo. A fada insiste. Durante a discussão, o menino alimenta, secretamente, este desejo singular: "Que eu já esteja em casa para receber o que pedi, quando tiver escolhido." Imediatamente, ele se encontra em casa, pois a fada concedera-lhe o desejo de ali estar, assim que ele o formulara em pensamento. O menino fica bastante aborrecido de nada encontrar, já que não soubera escolher.

Diante do espanto do filho, o pai, inesgotável, não pôde evitar, para aperfeiçoar sua educação, de lhe ensinar a moral dessa história:

– Meu filho – disse ele –, quando se deseja muita coisa ao mesmo tempo, fica-se sem nada.

A pobreza dessa conclusão foi salutar para o menino. O pai se absteve dali por diante de incomodá-lo com as virtudes de seus ensinamentos aquáticos. Todavia, esse efeito salutar foi só provisório. A historieta inocente estava, de fato, inscrita no terreno de uma vivência edipiana já amplamente minada por outras ocorrências "pedago-lógicas" paternas do mesmo tipo, as quais contribuíram, sem dúvida alguma, para induzir e cultivar posteriormente uma sólida histeria masculina no filho.

Este jovem veio me consultar devido a um problema de ejaculação precoce tão grave quanto incapacitante. Foi a propósito da análise desse sintoma que essa lembrança infantil voltou no decorrer de uma associação.

Devido à conjuntura edipiana na qual este acontecimento infantil se desenvolvia, o conto só poderia assumir, *por deslocamento*, um certo modo de significação metafórica. Completamente identificado com o menino visitado pela fada, essa criança ficou capturada num impasse psíquico inevitável.

Por mais tentado que ficasse a fazer o voto de ter um pênis como o do pai, era-lhe no entanto impossível subscrevê-lo em razão da *Lei*. Ter o pênis paterno tornava-se equivalente a suprimir esse pai para assumir seu lugar ao lado da mãe. Compreende-se por que o menino expulsava esse mau pensamento, culposo, com a maior energia, em benefício do desejo de um saco de balas ou um bocado de dinheiro tranquilizadores. Mas nenhuma fortuna ou guloseima poderia exercer a mesma atração de um pênis como o do pai. Daí as suas mudas tergiversações, para estancar a escolha do desejo.

Nesse sentido, o pai era bom conhecedor do assunto, pois foi o mutismo prolongado do filho que lhe sugeriu inconscientemente a modificação do curso da história. De maneira que só poderia acontecer ao menino, silencioso como o da história, o mesmo que aconteceu a este: por desejar demais nada obteve. De fato, não obteve aquilo que achava que o pai possuía, e através do qual lhe era possível ter direito à intimidade da mãe: o falo. Mas não o obteve, na medida exata em que o pai se preocupava em lhe demonstrar que ele o possuía de verdade, na realidade, exibindo-lhe perversamente o seu grande pênis velado pela mascarada do conto de fadas.

Como toda moral veicula um fundo de verdade, a prova disso foi a exibição do grande pênis: por tê-lo desejado demais, o menino nunca o obteria. E com efeito, depois de adulto, esse homem se comportava junto às mulheres como alguém que não o tinha. Continuava, assim, prisioneiro da fantasia na qual seu pai o havia encerrado: é preciso tê-lo para assegurar a posse de uma mulher. O que deixava, imaginariamente, supor que uma mulher só poderia gozar sucumbindo à onipotência fálica de um homem. Da mesma maneira, capturado pela fantasia de não tê-lo, esse homem respondia com convicção ao desejo de uma mulher da seguinte maneira: "eu não tenho o pênis", até mesmo "só o tenho parcialmente", o que testemunhava sua ejaculação precoce.

Esta análise impõe que nos questionemos, além do mais, sobre a atitude paterna para com a criança. Qual era o gozo do pai durante seus banhos pedagógicos? Podemos compreender disso, no mínimo, que ele gozava com a questão inconsciente do filho a respeito do falo, procurando provar-lhe, regularmente, que ele tinha, *na realidade*, aquilo de que não estava muito certo de ter sido investido. Esse pai, manifestamente cativo, por sua vez, numa oscilação entre o ser e o ter, prosseguia inconscientemente sua busca pessoal da demarcação do falo num percurso de evitamento imaginário da castração. Procurando assegurar-se quanto à posse do objeto que obtura a falta, só conseguia se iludir quanto ao significante fálico exibindo o órgão.

Vê-se como a natureza dessa *confusão órgão/falo* expressa ao máximo a posição subjetiva de um pai confrontado com uma falta da qual nada quer saber, a partir do momento em que é interpelado pelo desejo de uma mulher. Devido a essa ameaça, tornou-se impossível para ele permitir ao filho completar o périplo que poderia levá-lo, progressivamente, a supor nele a existência do falo e assim renunciar à convicção imaginária que o fazia permanecer identificado ao falo da mãe. Em suma, identificado demais ele mesmo com o falo do Outro, esse pai permanecia prisioneiro de uma lógica psíquica que obturava sua capacidade de se deixar supor pela criança como o detentor de um. Arrasava, assim, antecipadamente, o encaminhamento necessário a essa suposição. Colocando o órgão em primeiro plano na cena, ele preservava inconscientemente a possibilidade de se manter na posição de ser o falo do Outro, evitando, pois, ter que assumir a castração. Em contrapartida, subjugava o filho no terreno do móbil fálico que se ordena, como sabemos, em torno da problemática do pênis nas teorias sexuais infantis.

Conclusão: a criança, tornada adulto, permaneceu vítima do imaginário edipiano que o pai se esforçou por perpetuar para si mesmo através da encarnação do órgão.

* * *

Vamos nos abster, no entanto, de aceitar os marcos dessa lógica fálica como índices semiológicos estáveis, capazes de apoiar com certeza alguma avaliação diagnóstica.

A inscrição de cada um na função fálica constitui um evento suficientemente singular na estruturação psíquica para que essa referência à função paterna seja objeto de múltiplas interferências, às vezes impossíveis de serem circunscritas de imediato no contexto de uma antecipação clínica unívoca.

A prova disso seria a interação, às vezes muito espetacular, de manifestações sintomáticas ambíguas na dinâmica psíquica de alguns sujeitos, nos quais é possível, no entanto, delimitar a causalidade estrutural que os situa relativamente à função do pai.

Como exemplo disso, daremos a atuação de manifestações perversas num caso de histeria masculina.[10]

* * *

A economia desejante do histérico é atingida por uma ambivalência fundamental, da qual podemos especificar as duas

---

10 Esta observação já foi publicada em *Perspectives Psychiatriques*, 1989, n.16/1, p.19-24.

vertentes antagonistas pela seguinte alternativa: existir por si ou aparecer aos olhos do outro. Da mesma maneira, poderíamos dizer: desejar por si mesmo ou desejar à própria revelia, isto é, em vista daquilo que o outro é suposto esperar em seu desejo.[11]

Logo, não é surpreendente encontrar os vestígios dessa ambivalência no próprio centro da problemática sexual do homem histérico. Todavia, para além dessa ambivalência, a questão da relação com o outro feminino é, por antecipação, alienada num certo tipo de representação da mulher como *mulher idealizada inacessível*, o que não deixa de recordar o investimento do ideal feminino tal como este é visto operando nos perversos. Entretanto, não se trata aí da mulher erigida em virgem intocável e pura de todo desejo, tal como o perverso a cultiva em sua fantasia.[12]

De fato, no homem histérico, a mulher só é inacessível, na maioria das vezes, na medida em que ele mantém um certo tipo de conduta de evitação no que diz respeito a um confronto direto e pessoal no terreno da sexualidade com ela. Esse modo de evitação é essencialmente predeterminado no histérico pela relação ambivalente[13] que é a sua diante da função fálica.[14] Se a mulher é, por excelência, aquilo que lhe permite se situar relativamente à posse do objeto fálico, o histérico nem por isso está menos cativo de um modo de atribuição fálica negativizado pela fantasia crucificante do "não tê-la".

11 Cf. L. Israel, *L'hystériques, le sexe et le médecin*, Paris, Masson, 1976.

12 Cf. J. Dor, *Structure et perversions*, op.cit., p.153s.

13 Cf. S. Freud, "Hysterische Phantasien und ihre Beziehung zur Bisexualitat" (1908), G.W. VII, 191-9, S.E. IX, 155-66. Tradução francesa de J. Laplanche, "Les fantasmes hystériques et leur relation à la bisexualité", *in Névrose, psychose et perversion*, op.cit., p.149-55. ("As fantasias histéricas e sua relação com a bissexualidade", *ESB*, vol.IX.)

14 Com relação à "função fálica", cf. J. Dor, *Introduction à la lecture de Lacan*, tomo I, op.cit., caps.11 e 12, p.97s.

Essa desinvestidura imaginária do atributo fálico permite não apenas compreender a confusão sintomatológica pênis/falo que obseda sua relação desejante com a mulher, sob o modo característico de *impotência e/ou ejaculação precoce*, mas ainda a instituição acessória de *manifestações perversas* que podem, à primeira vista, dar a impressão, do ponto de vista diagnóstico, de autênticos casos de perversões.

No homem histérico, a relação desejante com a mulher é minada por uma elaboração inconsciente que tem por consequência manter uma completa confusão entre o *desejo* e a *virilidade*. Essa confusão tem sua origem numa interpretação particular que o histérico mobiliza no lugar da *demanda* de toda mulher. Esta última, de fato, jamais é percebida como uma solicitação desejante que se dirigiria, legitimamente, a um outro desejo. Em contrapartida, ela é sempre ouvida pelo histérico como uma injunção de ter que dar provas de sua virilidade. Ele, o homem histérico, jamais poderia ser desejado por uma mulher, a não ser na medida apenas em que ela é suposta esperar dele a demonstração de que é viril. Em outras palavras, tudo se passa, então, como se a relação desejante se fundasse, na histeria, sobre a necessidade de dever *justificar* que tem, realmente, aquilo que a mulher lhe demanda, isto é, o falo. Alimentando a convicção imaginária de não ser seu depositário, ele só lhe pode responder dessa maneira: "eu não tenho o pênis".

Sem entrar nos detalhes da dialética pênis/falo no homem histérico,[15] é, pois, marcada por essa confusão quanto à natureza do objeto que vem se instalar a *impotência*, ou seja, o último meio de adiar qualquer encontro sexual com uma mulher.

---

15 Cf. a) L. Israel, *L'Hystérique, le sexe et le médecin*, op.cit., p.63 e 119-28; b) F. Perrier, "Structure hystérique et dialogue analytique", in *La Chaussée d'Antin*, tomo II, Paris, 10/18, 1978, p.74-8.

Na medida em que a *ejaculação precoce* depende de um processo um pouco diferente da impotência, esse sintoma se inscreve na histeria masculina sobre o fundo de uma mesma confusão. Se, no caso presente, o ato sexual se verifica possível com uma mulher, assim mesmo ele comporta um risco: não conseguir demonstrar-lhe que tem o falo, assumindo o ato até seu termo. Ora, nessa perspectiva, este termo se inscreve, ainda aí, tal como uma injunção fantasística, estipulando que uma mulher só pode gozar se o homem souber dar provas de sua *mestria fálica*. Compreende-se que semelhante performance imaginária seja particularmente ansiogênica, de sorte que é a própria angústia que vai precipitar e causar um curto-circuito em todo o processo sexual.

Sob tais condições, o objetivo esperado, isto é, o gozo feminino, só pode ser ameaçador. Só aquele que dispõe da mestria absoluta do falo é capaz de assumi-lo, ou seja, é suscetível de dominá-la. O que equivale a dizer que o gozo da mulher é sempre percebido como uma derrota diante do poder fálico vitorioso. Não dispondo do atributo que lhe poderia permitir esta vitória, o histérico não tem, portanto, outra solução a não ser assujeitar-se ele mesmo ao poder daquele que o tem. Assim, ele se encerra voluntariamente na situação de alguém que vai capitular diante de um tal poder. Para fazê-lo, o histérico masculino se *identifica inconscientemente com o parceiro feminino*, de modo que sua ejaculação precoce se torna o testemunho mais imediato de sua capitulação. Ele goza, então, tal como imagina que uma mulher goze ao sucumbir ela mesma ao poder fálico.

A conjunção desses dois tipos de falhas sintomáticas induzidas pela confusão entre o desejo e a virilidade constitui frequentemente no histérico um verdadeiro apelo à atualização perversa dos componentes sexuais. Este caminho aberto a certas figurações da perversão é tanto melhor explicado quanto permite adiar a possibilidade de um encontro sexual direto com as mulheres inacessíveis, subscrevendo ao mesmo tempo a estratégia tão cara às histéricas, que consiste em manter um limiar constante de insatisfação. Em acréscimo, a ambiguidade fundamentalmente alimentada pelo histérico em relação à sua própria identidade sexual[16] impõe facilmente ao seu desejo assumir formas de expressão que irão acusar este perfil perverso.

Nesse sentido, as manifestações perversas se apresentam como outras tantas mediações favoráveis a esta distância das mulheres, sem a qual o seu encontro se tornaria insuportável porque, de antemão, voltado ao fracasso sexual.

Mencionamos desde já a *passagem ao ato homossexual* como procedimento radical de evitação do parceiro feminino.[17] Todavia, trata-se bem mais, na histeria masculina, de uma *máscara homossexual* do que de uma homossexualidade verdadeira, fundada numa escolha de objeto de amor exclusivamente masculino.[18] De fato, essas paródias homossexuais são capazes de induzir compensações secundárias tranquilizadoras, já que o outro, igual a si, protege contra a diferença do feminino.

Frequentemente, essa mediação se sustenta por uma compulsão à masturbação, sustentada por encenações fantasísticas perversas, notadamente por roteiros eróticos de mulheres homossexuais.

---

16 Cf. S. Freud, "Les fantasmes hystériques et leur relation à la bisexualité", in *Névrose, psychose et perversion*, op.cit.

17 Cf. S. Freud, "Uber infantile Sexualtheorien" (1908), G.W. VII, 171-88, S.E. IX, 205-26. Tradução francesa de D. Berger e J. Laplanche, "Les théories sexuelles infantiles", in *La vie sexuelle*, op.cit., p.14-27 ("Sobre as teorias sexuais das crianças", *ESB*, vol.IX).

18 Cf. S. Freud, "Uber einen besonderen Typus der Objektwahl beim Manne" (1910), G.W. VIII, 66-77, S.E. XI, 163-75. Trad. francesa de J. Laplanche, "D'un type particulier de choix d'objet chez l'homme", in ibid., p.47-55. ("Um tipo especial de escolha de objeto feita pelos homens", *ESB*, vol.XI.)

Da mesma maneira, o *exibicionismo* e sua forma eletiva de inversão em seu contrário, o *voyeurismo*,[19] podem encontrar pontos de ancoramento favoráveis na histeria masculina. Como na homossexualidade, trata-se mais de dar livre curso à dimensão do fingir, do *fazer de conta*, que de se outorgar as liberdades do gozo de uma verdadeira perversão. De fato, o *fazer de conta*, por ser sempre sustentado pelo olhar do outro, torna-se o instrumento apropriado pelo qual o histérico pode gozar fantasisticamente com seu julgamento suposto desaprovador ou hostil. Para conseguir isso, o sujeito histérico mantém notavelmente seu papel, iludindo-se a si mesmo numa inflação de transbordamentos perversos de caráter compulsivo que exigem, inevitavelmente, uma intervenção do outro. Todavia, deixando-se capturar por esta paródia, o outro assegura então, plenamente, o gozo do histérico que vê nessa intervenção a prova mesma de que sua própria encenação mentirosa funcionou bem. Nesse sentido, toda denúncia, todo escândalo, prisão e qualquer outro tipo de culpabilização serão tanto mais bem-vindos na medida em que trarão como lucro adicional o gozo convocado pela inextinguível busca de limites que a histérica põe à prova em sua relação problemática com a castração. No entanto, se o desafio e a transgressão têm uma oportunidade privilegiada de serem exercidos nesse terreno, nem por isso deixam de estar enfermos do que constitui seu motor e sua consistência nos perversos autênticos.[20] A prova, no caso, seria, como se dá nos outros capítulos da histeria, que as melhores intrigas – mesmo as perversas não poderiam resistir à indiferença do outro, por menos que este outro se dedique a se afastar do

19 Cf. S. Freud, "Triebe und Triebschicksale" (1915), G.W. X, 210-32, S.E. XIV, 109-40. Trad. francesa de J. Laplanche e J.B. Pontalis, "Pulsions et destin des pulsions", in *Métapsychologie*, Paris, Gallimard, 1968, p.25s. ("Os instintos e suas vicissitudes", *ESB*, vol.XIV.)

20 Cf. J. Dor, *Structure et perversions*, op.cit., cap.13, p.173s.

papel de cúmplice imaginário onde o histérico se esforça para instalá-lo.

O fragmento clínico que se segue[21] parece-me ilustrar de maneira exemplar os diferentes aspectos dessa dialética sintomática que pode conduzir o histérico masculino a atualizações perversas em suas relações com as mulheres.

Vamos abordar, inicialmente, a recordação das premissas etiopatogênicas que parecem ter contribuído para o ancoramento decisivo de uma organização histérica num jovem do Magreb, amplamente reforçada pelo contexto do ambiente familiar.

Como pertencente a essas premissas, evocarei um primeiro acontecimento ocorrido na África do Norte, quando o paciente tinha cerca de oito anos.

Ele vai ao banho das mulheres com a mãe, como está acostumado a fazer há anos. Naquele dia, alguém diz a sua mãe, na sua presença, que ele já está grande demais para continuar a acompanhá-la. *Sem dar uma palavra*, a mãe o dispensa brutalmente, e manda-o voltar para casa. Ele se lembra desse acontecimento do modo como à época lhe significara: uma dispensa tão injustificada quanto ininteligível, prescrita sob o modo de uma punição.

Da mesma forma, ele vai se sentir daí em diante continuamente culpado na presença de mulheres, culpa que não vai cessar, aliás, de redobrar sob o império dos fatos que se sucederão.

Alguns dias depois dessa "exclusão", seu pai o conduz, *sem dar uma palavra*, ao banho dos homens. Qual não é o seu espanto ao descobrir seu pai nu entre os outros. Ele fica

---

21 Esta observação é publicada com o consentimento do interessado. Numerosos elementos de anamnese foram mantidos em sigilo, sem que isto em nada prejudique a apresentação clínica propriamente dita, nem a sua lógica interna.

estupefato diante desse espetáculo novo e inesperado. Mas sua sideração lhe vale desde logo uma observação severa do pai, proibindo-o de olhar para os homens nus com tanta insistência.

É provável que a conjunção dessas duas proibições, acerbas mas silenciosas, tenha fixado nesse homem toda uma economia desejante lábil na vertente da histeria. De resto, um grande número de lembranças da adolescência só faz confirmar isso. Todavia, é na idade de dezoito anos, por ocasião de suas primeiras experiências sexuais, que ele vai assumir a exata amplitude das perturbações sintomáticas de que é objeto, principalmente quando de uma pequena cena familiar que parece ter catalisado, bruscamente, uma série de elementos complexuais latentes.

Aos dezessete anos, durante uma brincadeira muito animada com sua irmã (dois anos mais velha), ele se agarra ao seu penhoar, que se rasga, e ela lhe aparece nua. Desde o episódio da infância, no banho das mulheres, nenhuma outra ocasião lhe havia sido dada de estar em presença de uma mulher despida. Surpreso com o incidente, ele fica sem reação enquanto a irmã, em compensação, o dispensa com gracejos inocentes, divertindo-se muito com sua vergonha.

A partir desse dia, durante muitos anos seguidos, ele não poderá mais se despir diante de uma mulher. Este sintoma organizou-se sob o modo típico da inversão no seu contrário.[22] A nudez da irmã remeteu-o, justamente, à nudez da mãe no banho, isto é, àquele universo de gozo infantil que só lhe apareceu como "gozo" no dia em que lhe foi significado como proibido. É, portanto, no só-depois que a visão frequente de corpos femininos nus toma-se traumática e culposa, porque proibida ela própria.

---

22 Cf. S. Freud, "Pulsions et destin des pulsions", in *Métapsychologie*, op.cit.

Confrontado, por deslocamento, com a revelação do corpo materno proibido ao olhar, o processo se inverte em seu contrário, para neutralizar a culpa associada ao gozo da percepção do corpo feminino. Ele vai então, a partir daí, castigar-se antecipadamente por esse gozo e pelo desejo que o sustenta, não revelando nunca mais o seu corpo diante de mulheres.

Esse sintoma vai assumir, muito rapidamente, proporções espetaculares. Para além da questão das mulheres propriamente ditas, ele se sentirá obrigado a permanecer totalmente "coberto" sempre que seu corpo for oferecido ao olhar do outro, ou seja, em toda parte exceto em sua casa quando está só ali. Assim, uma série de ocorrências ordinárias da vida quotidiana vai insensivelmente se transformar num longo e doloroso calvário, condenado que estava a permanecer agasalhado em qualquer circunstância, e em qualquer estação do ano.

Ao mesmo tempo ele desenvolve uma ambivalência cada vez maior para com as mulheres, cuja significação, no entanto, não lhe escapa. Ao dizer que as detesta ele reconhece detestar a si mesmo por não poder ter relações com elas. Mas, da mesma maneira, ele não pode suportar o menor olhar de uma mulher sobre si, perseguido pela fantasia atenazadora de estar sendo deliberadamente examinado, porque já se percebeu a natureza do sintoma que o incapacita.

Sobre o fundo de uma existência tão infernal, dois eventos sexuais vão precipitar sua problemática histérica para um terreno de expressão perversa.

Por ocasião de uma volta de férias, ele viaja num compartimento de trem só com uma compatriota da sua mesma província. Iniciam uma conversa amigável, durante a qual ele se surpreende ao ver-se envolvido num diálogo com sua interlocutora sem qualquer angústia. Mas, sub-repticiamente, é possuído por uma fantasia inquietadora: ao final da conversa, essa mulher pode muito bem estar esperando que ele lhe proponha fazer amor, o que lhe parece tão impensável quanto impossível.

Tarde da noite, a dita compatriota mostra ser mais empreendedora. Ela explicita, sem rodeios, o objeto de sua expectativa, que se verifica ser, em seu conteúdo, bastante perverso. Acometido de angústia, ele executa o ato, ainda que a experiência acabe muito rapidamente. Mortificado pelo fracasso, ele fica no entanto apaziguado sintomaticamente pela ideia de que uma mulher não tenha conseguido gozar dele. Em contrapartida, não esperava é que sua companheira de viagem, para a qual não havia dificuldades, lhe impusesse ser testemunha visual e passiva de uma experiência de prazer que ela havia julgado indispensável administrar a si própria, com insistência e volúpia.

Depois de uma longa insônia, de manhãzinha, ele abandona o compartimento antes que sua companheira desperte.

Essa cena sexual, violentamente traumática, vai se impor a ele depois disso sob a forma de uma fantasia obsedante, absolutamente torturadora. Só muito mais tarde é que ele vai compreender que a tortura residia principalmente no fato de que fora testemunha de uma descoberta: uma mulher podia gozar sem homem. Pode-se supor que, muito provavelmente, essa descoberta recalcada foi submetida a uma elaboração secundária, ao fim da qual a fantasia obsedante organizou-se sob o modo de uma fantasia perversa, ou seja, a união homossexual entre a companheira do trem e uma outra mulher, que ele posteriormente irá identificar sob a aparência de sua irmã mais velha.

Uma segunda ocorrência sexual quase contemporânea da anterior vai, solidária com esta, dinamizar sua organização histérica no caminho dos ganhos secundários perversos.

Um de seus amigos de infância, que ele não vê há anos, informa-o de que passará alguns dias em Paris e lhe pede hospedagem. Embora não disponha de muitos recursos para isso, já que só ocupa um quarto na Cidade Universitária, ele aceita, no entanto, recebê-lo. Qual não é sua surpresa ao ver o amigo chegar em companhia de uma jovem! Assaltado por uma angustiante perplexidade, entre a iniciativa de mandar embora os dois imediatamente, ou aceitar sua presença sem nada dizer, ele não consegue se decidir por nenhuma das duas soluções. Por um lado, sente-se culpado por dever recusar hospitalidade ao amigo, possivelmente devido à atuação de toda uma problemática homossexual inconsciente. Por outro lado, a perspectiva de que uma mulher possa invadir o único lugar onde se sente protegido dos olhares alheios logo se toma intolerável para ele. Resolve, ainda assim, acolher o casal, apesar das condições materiais precárias.

Ao anoitecer ele é presa de uma crise de angústia, imaginando que talvez seus hóspedes façam amor durante a noite. A fantasia desse acasalamento furtivo deixa-o acordado até de manhã. O que não acontece durante a primeira noite acaba acontecendo na segunda.

Completamente aterrorizado pelo fato de ser uma testemunha tão próxima dessa cena de amor que se desenrola na escuridão, ele vai se lembrar por muito tempo da raiva que o acometeu por não poder resolver-se quanto ao que lhe teria sido menos insuportável em tais circunstâncias: teria sido preferível *escutar sem ver nada*? Ou, ao contrário, não teria sido melhor se pudesse *ver sem ouvir*? Algum tempo depois, os vestígios dessa alternativa atualizaram-se numa série de fantasias e realizações perversas.

Todavia, o essencial das dificuldades levantadas pela ambiguidade daquela coabitação ainda não tinha surgido. Na manhã seguinte, o amigo lhe diz que terá que partir por quarenta e oito horas, e pede que continue a hospedar sua companheira durante sua ausência. Esta proposta deixa-o completamente mudo. Aceita, mais uma vez, apesar da apreensão que o invade à perspectiva de se encontrar só com uma mulher em seu próprio quarto.

Na hora de partir, o amigo acha útil dar-lhe o seguinte conselho: "Não se preocupe com ela. É bom que aprenda a virar-se sozinha!" De maneira singular, ele escuta essa frase com uma acepção sexual que não deixa de inquietá-lo; como se fosse um convite a se deixar usar passivamente por aquela mulher. Preso, assim, na armadilha de seu próprio sintoma, ele mesmo vai promover, inconscientemente, seu desenvolvimento. Na defensiva, pronto a fugir ao menor sinal de sedução que a moça pudesse lhe demonstrar, ele mesmo vai seduzi-la, sem o saber, mediante um redobramento de atenções e uma solicitude constante, que ele acreditava serem, precisamente, destinados a neutralizar quaisquer veleidades eróticas. Mostra-se, com efeito, tão atencioso que, à noite, a moça se deita, sem mais rodeios, em sua cama. A empreitada logo assume, de ambas as partes, um caráter catastrófico o bastante para não ser repetida. Seu amigo volta, despede-se e torna a partir levando a companheira, e aparentemente tudo volta ao normal.

Alguns dias depois, esse homem desenvolve uma formidável compulsão à perversão. Começa a passar noites inteiras tentando surpreender, através das janelas ou pelo buraco das fechaduras, os encontros amorosos dos residentes da Cidade Universitária. Diante do sucesso, bastante variável, de suas iniciativas, decide utilizar daí por diante um método mais científico.

Empregando os conhecimentos técnicos adquiridos durante sua formação profissional,[23] ele imagina as estratégias mais sofisticadas para escutar os casais fazendo amor. Complicados dispositivos eletrônicos de emissão e recepção são discretamente instalados nos cômodos mais favoráveis às

---

23 Ele era, na época, engenheiro de telecomunicações.

ocorrências amorosas, que são visitados por ele graças a uma chave-mestra roubada de uma camareira. Assim, encerrado em seu quarto, comandando uma autêntica mesa de som, ele passa a maior parte de suas noites recolhendo os produtos sonoros das diferentes fontes de captação indiscretas que instalou ao acaso em suas investigações noturnas. Disperso, e ao mesmo tempo dilacerado pela quantidade de ecos acústicos que lhe são oferecidos, ele se irrita por não poder gravá-los a todos, simultaneamente. Entretanto, qualquer que seja a cacofonia amorosa registrada em seu gravador, não se passa uma única noite sem que ele escute inexoravelmente as sequências selecionadas, pontuando sua audição por sessões de masturbação frenética.

Rapidamente esgotado pelas sucessivas noites de vigilância auditiva, ele decide abandonar seu posto de observação acústica para surpreender *visualmente* aquilo que até então se contentara em *escutar.* Tem a oportunidade de notar, num pavilhão, um par de mulheres homossexuais que se encontram frequentemente à noite. No momento oportuno, ele alcança seu novo posto de observação estratégica e, morrendo de medo de ser surpreendido, espia no entanto pelo buraco da fechadura alguns trechos do encontro, em parte fora de seu campo visual. Irritado por não poder ver mais, resolve vingar-se. Algumas horas mais tarde, introduz-se no quarto onde as duas mulheres dormem e rouba-lhes todas as roupas de baixo.

Ao mesmo tempo em que se desenvolve esta compulsão às efrações visuais ele é cada vez mais obsedado por fantasias homossexuais masculinas. Esta invasão assume proporções tais que ele alimenta imaginariamente a esperança de dar fim a ela, passando ao ato. Executa-o pouco tempo depois, indo perambular à noite em certos lugares públicos parisienses apropriados.

Quanto mais se repetem suas experiências homossexuais, mais elas o repugnam, e mais aumenta, em compensação, sua compulsão ao *voyeurismo*. Arrasado pela angústia, acalenta o projeto de se fazer surpreender deliberadamente, a fim de que uma denúncia salvadora o leve a um tribunal e ponha termo, assim, a sua inextinguível necessidade de ver.

De fato, ele não recua diante de nada para que essa ocasião surja. Multiplicando os riscos que corre em locais públicos, faz numerosos orifícios nos banheiros dos bares, para observar; fotografa, à noite, os diversos embates das prostitutas no Bois de Boulogne; suborna um travesti para que permita discretamente que ele observe o exercício de seu comércio com os parceiros arranjados furtivamente, nos bancos traseiros de um automóvel; acaba mesmo por escalar as fachadas de diversos cabarés parisienses para surpreender as *stripteasers* se despindo em seus camarins, pelas janelas externas.

Como sua compulsão se tomava ilimitada, pondo em perigo sua saúde e sua segurança pessoal, observei-lhe prudentemente, durante uma sessão de análise, que todas essas "façanhas" por mais arriscadas, não pareciam realmente interessá-lo. A prova disso é que ele nunca parecia aproveitá-las tanto quanto desejaria. Enfatizei, assim, o fato de que todo esse frenesi permanecia manifestamente destinado a interpelar alguém que não ele mesmo. Mais especificamente, tudo se passava como se o que lhe importasse acima de tudo fosse ir cada vez mais longe em seus extravasamentos perversos, a fim de gozar deles melhor ao vir restituí-los a um interlocutor, na esperança secreta de excitar sua curiosidade sexual.

Ele ficou muito desconcertado com essa intervenção, não tendo pensado por um só instante no ganho secundário desses comportamentos perversos que eu acabava de sublinhar. Manifestamente desencorajado por essa revelação súbita, suas mobilizações perversas se encerraram em pouco tempo, dando lugar a uma fase depressiva sustentada por longas queixas.

Jamais poderia encontrar-se com mulheres. E, se isso acontecesse, jamais conseguiria fazê-las gozar. E assim por diante... Resignava-se a ter que sofrer o martírio ocasionado por sua funesta enfermidade.

A reiteração desse monólogo doloroso e cheio de queixumes levou-me a dizer-lhe que uma mulher podia, certamente, gozar com um homem, mas ele não devia esquecer, no entanto, que ela também podia gozar sem ele. Além disso, arrisquei-me a fazê-lo observar que talvez ele não conseguisse encarar uma relação sexual satisfatória com uma mulher na medida em que preferiria, sem dúvida, ser como aquelas mulheres que gozam sem homem.

Essa nova intervenção, muito mal recebida inicialmente, abriu um caminho. Ele terminou entendendo como estava, ele próprio, identificado inconscientemente com uma mulher em seu fantasiar das relações amorosas. Da mesma maneira, sua passividade, sua quase impotência e suas ejaculações precoces apareceram-lhe rapidamente como tributárias dessa elaboração inconsciente.

Pouco tempo depois, um acontecimento de todo inesperado ia permitir-lhe metaforizar, sem que ele o soubesse, sua relação com a castração, pelo viés de um *acting out* estrondoso.

Alguns minutos depois de encerrar uma das sessões desse paciente, ouvi tocar a campainha de meu consultório. Abrindo a porta, fiquei surpreso, por um instante, ao vê-lo solidamente cercado por dois policiais. Mas seu ar de júbilo extraordinário deu-me a compreender, instantaneamente, o que estava em jogo para ele, ao dar-se assim a ver, sob meu olhar. Seu júbilo estava ligado ao fato de que me tomava por testemunha do caráter incontornável da Lei que impõe que o desejo de um está sempre submetido à lei do desejo do outro.

Apenas confirmei aos policiais que ele acabava de sair de meu consultório e voltei a fechar a porta, indicando-lhes que ele era grande o bastante para poder explicar por si mesmo o que viera fazer ali.

A sessão seguinte trouxe todos os esclarecimentos esperados. Algumas horas antes, ocorrera um roubo no prédio. Ao deixar meu consultório e sendo informado da presença de dois policiais, que revistavam as dependências com a porteira, ele foi presa de uma vontade irresistível de passar diante deles correndo. Como era de se esperar, seguiu-se uma curta perseguição. Com a consciência tranquila, convinha-lhe antes de tudo despertar suficientemente a atenção da polícia para ser devidamente interpelado. Uma coisa importava: a intervenção da lei. Outra coisa, além disso, era que eu chegasse a saber de algo sobre isso. Assim, seu *acting out* significava a mim, implicitamente, que a lei existia mesmo, e que ele pretendia dali por diante submeter-se a ela. De onde sua jubilação, e a consequente liberação catártica.

Algumas semanas mais tarde, uma trabalhosa elaboração permitiu-lhe compreender até que ponto, na transferência, ele me havia colocado inconscientemente no lugar de sua mãe e, neste lugar, me tornado testemunha, imaginariamente cúmplice de sua epopeia perversa. Com a ajuda da suspensão do recalque, ele encontrou, algum tempo depois, uma mulher com quem pôde, enfim, desfrutar de algumas liberdades serenas nas relações amorosas.

VI. *A "gênese" freudiana da noção de foraclusão*

É um pouco delicado falar em "gênese" a propósito de um conceito cuja denominação resulta mais diretamente de um efeito de tradução. Aquilo de que se trata, a *Verwerfung*, figura, no léxico freudiano, sob o termo *rejeição*. A *foraclusão* é apenas um nome genérico introduzido posteriormente por Lacan. Se não podemos dizer que a *Verwerfung* freudiana é estritamente coextensiva à foraclusão lacaniana, esta última acepção, no entanto, se inscreve no prolongamento lógico da *Verwerfung* de Freud. Logo, parece legítimo abordar esta "gênese" da noção de foraclusão no próprio terreno das elaborações freudianas.

Encontramos os primeiros traços dessa ideia de uma rejeição desde 1894 no estudo intitulado *As neuropsicoses de defesa*.[1] Freud retoma seu princípio, dois anos mais tarde, em *Novas observações sobre as neuropsicoses de defesa*.[2] A ideia principal que se destaca desses dois trabalhos, a propósito da rejeição, é, esquematicamente, a seguinte: Freud distingue

1 S. Freud, *Die Abwehr-Neuropsychosen* (1894), G.W. I, 59-74, S.E. III, 41-61. Tradução francesa de J. Laplanche, "Les psychonévroses de défense", in *Névrose, psychose et perversion*, op.cit., p.1-14. ("As neuropsicoses de defesa", *ESB*, vol.III.)

2 S. Freud, *Witere Bemerkungen Über die Abwehr-neuropsychosen* (1896), G.W. I, 379-403, S.E. III, 157-85. Trad. francesa de J. Laplanche, "Nouvelles remarques sur les psychonévroses de défense", in ibid., p.61-81. ("Novos comentários sobre as neuropsicoses de defesa", *ESB*, vol.III.)

três tipos possíveis de defesa do eu em face de representações inaceitáveis.

O eu pode substituir a representação intolerável por uma outra representação tolerável, mas sob a condição de que esta permaneça insignificante. Este processo de defesa é o que observamos operar de modo exemplar na neurose obsessiva.

A representação inaceitável pode ainda ser objeto de uma conversão do tipo histérico.

Ou, enfim, a representação é pura e simplesmente *rejeitada* junto com seu afeto pelo eu:

> Existe uma espécie de defesa bem mais enérgica e bem mais eficaz que consiste em que o eu rejeite a representação insuportável ao mesmo tempo que seu afeto, e se conduza como se a representação jamais tivesse chegado até o eu.[3]

Diante deste processo de rejeição, Freud indica, porém, que se o eu se separa da representação, não se pode perder de vista que esta é sempre associada a um fragmento da realidade. De modo que, rejeitando a representação, o eu se separa, logo, também, de uma parte da realidade. Essa dinâmica é, aliás, coerente, no sentido de que, se a representação é inaceitável, isso é porque a realidade que lhe está ligada é ela própria inadmissível.

Trata-se aí de um ponto particularmente importante, cuja linha de força vai se insinuar de maneira implícita, a partir daí, na obra de Freud, principalmente em correlação com as investigações que ele irá conduzir a propósito da problemática psicopatológica das psicoses.

Além disso, a inserção lacaniana da *Verwerfung* na problemática psicótica encontra seu ponto de ancoramento precisa-

---

3 S. Freud, "Les psychonévroses de défense", in *Névrose, psychose et perversion*, op.cit., p.12.

mente nesse terreno. Como explicar a evolução de tal conceito que se origina então, em Freud, no registro de uma simples rejeição psíquica observável nas neuropsicoses de defesa, e que encontra seu desfecho em Lacan, como mecanismo indutor das organizações psicóticas?

Esta evolução da noção de *Verwerfung* já é amplamente prefigurada na própria obra de Freud. O começo dessa inflexão da *Verwerfung* em direção à problemática psicótica encontra um de seus primeiros marcos significativos a propósito do caso do *Homem dos lobos*. Nesse estudo, Freud convoca, por diversas vezes, a incidência dessa *rejeição*, sem que se possa, todavia, observar que a concepção desse mecanismo se destaque do caso da figura geral de um processo de defesa do eu.

Por um lado, a *Verwerfung* está diretamente associada à temática da castração:

> A terceira vertente, a mais antiga, a mais profunda, que havia pura e simplesmente *rejeitado* a castração...[4]

Por outro lado, tudo se passa como se a *Verwerfung*, nesse contexto, já prefigurasse alguma coisa bastante próxima da *renegação* que Freud iria introduzir mais tarde.

Nesse sentido, a análise do *Homem dos lobos* parece marcar uma virada significativa, tanto mais decisiva quanto Freud, a partir dessa época, começa a desenvolver investigação cada vez mais sistemática no campo das psicoses, principalmente numa direção que ele não deixará de explorar até sua morte. Podemos formular esquematicamente sua trajetó-

---

[4] S. Freud, "Aus der Geschichte einer infantilen Neurose" (1918), G.W. XII, 29-157, S.E. XVII, 1-122. Trad. francesa de M. Bonaparte e R. Loewenstein, "Extrait de l'histoire d'une névrose infantile" (L'homme aux loups), in *Cinq psychanalyses*, Paris, PUF, 1954, p.389. ("Uma neurose infantil – O homem dos lobos", *ESB*, vol.XVII.)

ria da seguinte maneira: buscar um mecanismo pertinente no plano teórico e operatório no plano clínico para discriminar os processos neuróticos dos processos psicóticos. Como prova disso, bastaria essa observação inaugural expressa já em 1915, em seu texto *O inconsciente*:

> Pode-se duvidar se o processo chamado recalque nas psicoses tenha alguma coisa em comum com o recalque nas neuroses de transferência.[5]

O problema levantado pela identificação de um mecanismo de defesa que intervenha especificamente nas psicoses não é realmente novo no momento em que Freud se defronta com ele. Este tema percorre de modo bastante contínuo toda a reflexão psicopatológica desde os últimos anos do século XIX. Todavia, Freud pensa nisso desde o começo de uma maneira absolutamente original: inicialmente, situando-o de saída num registro essencialmente psicogenético; em seguida, procurando circunscrevê-lo à luz, apenas, dos argumentos desenvolvidos pela teoria psicanalítica. A especificidade da abordagem freudiana é, pois, dupla. Em primeiro lugar, ela tenta abordar a singularidade dos processos psicóticos por meio de um aparelho conceitual inicialmente destinado a dar conta da etiologia das neuroses. Em segundo lugar, essa abordagem se funda, de saída, sobre considerações estruturais, e não apenas sobre considerações quantitativas e diferenciais. Portanto, é no contexto dessa problemática que vem se impor, sub-repticiamente, a função da *Verwerfung*.

Todavia, por mais inovadora que tenha sido a sua concepção psicanalítica das psicoses, Freud não chegou, mani-

5 S. Freud, "Das Unbewusste" (1915), G.W. X, 264-303, S.E. XIX, 159-215. Trad. francesa de J. Laplanche/J.B. Pontalis, "L'Inconscient", in *Métapsychologie*, op.cit., p.159. ("O inconsciente", *ESB*, vol.XIV.)

festamente, a promover uma especificação pertinente de sua etiologia, pelo menos com relação ao projeto que era o seu. Com efeito, ele não pôde evidenciar um critério metapsicológico suficientemente operatório para diferenciar estruturalmente as neuroses das psicoses.

A investigação freudiana das psicoses permaneceu, sob certos aspectos, sobredeterminada pelas concepções psiquiátricas de sua época. O aspecto mais evocador dessa reminiscência parece se destacar segundo a linha de força seguinte: trata-se de um eixo principal que se refere à relação de compreensão lógica que Freud estabelece entre o *sujeito* e a *realidade* no campo das psicoses. De início, como testemunham principalmente os dois estudos de 1924 – *Neurose e psicose* e *A perda da realidade na neurose e na psicose* –,[6] ele é tentado a circunscrever a natureza dos processos psicóticos no campo da *perda da realidade.*

Por um lado, Freud observa que os processos psicóticos sempre traduzem de certa maneira uma "perda de realidade" por parte do sujeito. Por outro lado, ele menciona que uma certa perda induz, no sujeito, a necessidade de uma *reconstrução delirante* da realidade da qual ele está então cortado.

Através deste tema da *perda da realidade* encontramos, implicitamente, a problemática da *Verwerfung*, ao menos sob o aspecto inicialmente pressentido por Freud, ou seja, um *processo de defesa do eu*. Entretanto, mesmo que aborde esses dois fatos psicopatológicos – perda da realidade e reconstrução delirante – num corpo de explicações essencialmente

---

6 S. Freud, a) "Neurose und Psychose" (1924), G.W. XIII 387-91, S.E. XV, 147-53. Trad. francesa de D. Guérineau, "Névrose et psychose", in *Névrose, psychose et perversion*, op.cit., p.283-6; b) "Der Realitätsverlust bei Neurose und Psychose" (1924), G.W. XII, 363-8, S.E. XIX, 181-7. Trad. francesa de D. Guérineau, "La parte de la réalité dans la névrose et la psychose", in ibid., p.299-303. (a) "Neurose e psicose", *ESB*, vol.XV; b) "A perda da realidade na neurose e na psicose", *ESB*, vol.XIX.)

metapsicológicas, ele permanece aprisionado por um estereótipo semiológico próprio à psiquiatria de sua época. De fato, ele tende a associar a perda da realidade e a reconstrução delirante sob o modo de uma relação de causa e efeito. Tudo se passa um pouco como se existisse um certo caráter de implicação lógica entre esses dois sinais do quadro psicótico; de tal modo que quase se tomaria possível situar a reconstrução delirante como o índice diagnóstico mais manifesto do estado psicótico.

O caráter eminentemente problemático dessa hipótese semiológica conduz Freud a modificar muito rapidamente essa concepção. Ele se esforça para experimentar uma nova distinção metapsicológica entre as neuroses e as psicoses fundada sobre a base empírica de certas observações clínicas. Observa que assim como o neurótico tentaria *fugir da realidade*, do mesmo modo o psicótico seria levado a *renegá-la*.

Mais uma vez, esta hipótese clínica remete à *Verwerfung*, principalmente na acepção de "rejeição", tal como Freud a evocava em sua análise do *Homem dos lobos*, em 1918, quer seja ela evocada no registro da rejeição da castração, ou no comentário mais preciso desenvolvido a respeito da alucinação do "dedo cortado". De resto, essa aproximação implícita entre a *Verwerfung* e a *renegação* chega quase a uma colisão em torno da questão do *fetichismo*,[7] que Freud aborda em 1927. Mas, paradoxalmente, é também essa análise do fetichismo que o incita a abandonar sua hipótese da renegação da realidade como mecanismo indutor das psicoses.

O fetichismo e, mais geralmente, as perversões põem Freud no caminho da *clivagem do eu*. Desde então, a clivagem do eu virá esclarecer, em última instância, a função da

7 S. Freud, "Fetischismus" (1927), G.W. XIV, 311-7, S.E. XXI, 147-57. Trad. francesa de D. Berger, "Le fétichisme", in *La vie sexuelle*, op.cit., p.133-8. ("O fetichismo", *ESB*, vol.XXI.)

renegação e seus limites indutores. Em 1938, uma reflexão aprofundada da noção da *Ichspaltung* acaba impondo a Freud essa revisão, cujos vestígios encontramos nesses dois textos fundamentais: *A clivagem do eu nos processos de defesa*[8] e o *Esboço de psicanálise*,[9] principalmente no capítulo VIII. Através desses dois estudos, vê-se claramente que a perda da realidade não surge mais para Freud senão como um *corte parcial* no sujeito: nas psicoses, uma parte do eu, apenas, seria efetivamente cortada da realidade.

Além disso, a *clivagem do eu* sobre a qual Freud havia fundado algumas esperanças demonstra não estar presente exclusivamente nos sujeitos psicóticos. Além dos perversos, ele acaba observando sua incidência em todos os neuróticos, como menciona no *Esboço de psicanálise*. Ademais, no fim desta última obra, Freud substitui, quase indiferentemente, o termo *renegação* por *Verwerfung*:

> Semelhantes *renegações* se produzem frequentemente, e não apenas nos fetichistas. Em toda a parte onde nos é possível estudá-las, aparecem como meias-medidas, como tentativas imperfeitas de separar o eu da realidade. A *rejeição* é sempre redobrada por uma aceitação ... o que leva à clivagem do eu.[10]

* * *

8 S. Freud, "Die Ichspaltung im Abwebrvorgang" (1938), G.W. XVII, 59-62. S.E. XXIII, 271-8. Trad. francesa de R. Lewinter/J.B. Pontalis, "Le clivage du moi dans les processus de défense", in *Nouvelle Revue de Psychanalyse*, n.2, 1970, p.25-8. ("A divisão do eu no processo de defesa", *ESB*, vol.XXIII.)

9 S. Freud, "Abriss der Psychoanalyse" (1938), G.W. XVIII, 67-138, S.E. XXIII, 139-207. Trad. francesa de A. Berman, *Abrégé de psychanalyse*, Paris, PUF, 1967. ("Esboço de psicanálise", *ESB*, vol.XXIII.)

10 S. Freud, *Abrégé de psychanalyse*, op.cit., p.82.

Torna-se, portanto, impossível para Freud concluir a favor de um mecanismo operatório consequente para discriminar as psicoses das neuroses. Nem a *perda* ou a *renegação da realidade*, nem tampouco a *clivagem do eu* demonstram ser satisfatórias sob esse ponto de vista.

Ao fim das investigações freudianas, podemos ao menos chegar às duas seguintes conclusões: por um lado, a noção de *Verwerfung*, inscrevendo-se progressivamente num campo de explorações cada vez mais referidas à problemática psicótica, é posta diretamente em correlação com a *clivagem psíquica*.

Por outro lado, o invalidamento sucessivo das hipóteses freudianas sobre os mecanismos indutores do fato psicótico contribui para modificar o estatuto da *construção delirante* compensatória. Inicia-se um movimento de báscula na sequência lógica dos termos presentes, isto é, no nível da relação causal inicialmente pressentida por Freud, entre perda da realidade e reconstrução delirante. A elaboração delirante aparece cada vez menos como um processo compensatório e, ao contrário, cada vez mais como o parâmetro indutor da própria perda da realidade. Esta inversão anuncia todo um recentramento sobre a prevalência das estruturas simbólicas que vão, assim, ser situadas em primeiro plano na organização dos processos psicóticos. É esse recentramento, devido a Lacan, que vai, assim, contribuir para promover a transferência da denominação do termo *rejeição* sob a conotação genérica de *foraclusão*.

VII. *A função paterna e seu fracasso*

O processo da metáfora do Nome-do-Pai só assegura sua função estruturante com relação ao desenvolvimento psíquico da criança na medida em que puder se desenvolver sobre a base do recalque originário do significante do desejo da mãe. Se esse recalque originário não se dá, todo o processo da metáfora do Nome-do-Pai é comprometido, até mesmo fracassado.

* * *

Com a *divisão do sujeito*[1] e a *foraclusão*, Lacan enfatiza deliberadamente a função principal das estruturas simbólicas na compreensão dos processos psicopatológicos. A divisão do sujeito exprime uma relação de dependência explícita do sujeito em relação à ordem simbólica, no sentido em que toda a estrutura subjetiva é dividida pela ordem significante. Esta preeminência da estrutura simbólica no curso de todo acontecimento psíquico (patológico ou não) é, muito precisamente, significada por uma categoria lacaniana original: o *grande Outro* que, sob muitos aspectos, circunscreve o campo da ordem simbólica enquanto tal. Além disso, não devemos perder de vista que *a divisão do sujeito aparece como a consequência mais imediata do processo da metáfora do Nome-do-Pai*. Logo,

[1] Cf. *Introduction à la lecture de Lacan*, tomo I, op.cit., cap.15, p.128-35.

é essencialmente com relação a essas três referências lacanianas fundamentais – a preeminência do simbólico, a metáfora do Nome-do-Pai e a divisão do sujeito – que podemos compreender a função da foraclusão no campo das psicoses.

Notemos desde já que, se a *Verwerfung* freudiana vai se beneficiar, daí por diante, dessa "denominação controlada", não é de forma alguma devido a uma pura preocupação com a originalidade da tradução. Muito pelo contrário, é para insistir quanto à preeminência da ordem simbólica como um lugar de exercício legítimo da *Verwerfung*.

Etimologicamente a *foraclusão* é um termo saído do corpo da terminologia jurídica, que significa a *abolição simbólica* de um direito que não foi exercido no prazo prescrito. Portanto, é principalmente essa ideia de uma anulação simbólica que Lacan subscreve, ao utilizar o conceito de foraclusão. Trata-se, para ele, de enfatizar *a abolição de um significante*. Todavia, é só na medida em que essa abolição incide sobre um significante particular – o *significante Nome-do-Pai* – que ela pode especificar a indução dos processos psicóticos; ou seja, o significante que é convocado a vir substituir o significante originário do desejo da mãe.

É ao comentar a análise do caso Schreber, em seu seminário *As psicoses*,[2] que Lacan é conduzido, progressivamente, a essa conclusão. Ele retoma, aliás, essa análise sob uma forma mais condensada, num estudo de 1957: *De uma questão preliminar a todo tratamento possível da psicose*,[3] onde formula, de maneira radical, que a abolição do significante Nome-do-Pai constitui "a falha que dá à psicose sua condição essencial que a separa das neuroses".[4] É neste ponto preciso

2 J. Lacan, *Les psychoses*, livro III, 1955-56, Paris, Seuil, 1981. (*As psicoses*, Rio de Janeiro, Zahar, 1985.)

3 J. Lacan, "D'une question préliminaire à tout traitement possible de la psychose", in *Écrits*, op.cit., p.531-83.

4 Ibid., p.575.

que reside, comparado a Freud, a contribuição explícita de Lacan que consiste, justamente, em fazer valer o caráter crucial da ordem simbólica e de sua função na etiopatogenia das psicoses.

Dizer que quando o Nome-do-Pai é foracluído a metáfora paterna fracassa é inferir igualmente que *a etiopatogenia das psicoses está submetida à dimensão do acesso ao simbólico.* Em outras palavras, neutralizando a emergência do recalque originário, a foraclusão do Nome-do-Pai compromete gravemente a assunção da *castração simbólica.* Em caso extremo, essa abolição faz falhar toda a função paterna. Portanto, a problemática da foraclusão está diretamente dependente da sorte que cabe ao significante fálico no decorrer da dialética edipiana. Entretanto, se o destino psicótico parece, assim, se dar em torno dessa operação simbólica inaugural que é a metáfora do Nome-do-Pai, convém mostrar-se particularmente vigilante quanto ao sentido e ao alcance desse móbil.

Assim como podemos, legitimamente, reconhecer em Lacan o avanço que lhe é devido quanto à compreensão da indução dos processos psicóticos, do mesmo modo a mais elementar honestidade exige que não se atribua ao conceito de foraclusão do Nome-do-Pai um valor de desempenho e competência universais que Lacan jamais reconheceu nele. No máximo, a foraclusão do Nome-do-Pai é apresentada por Lacan como uma hipótese metapsicológica estruturalmente operatória. Além de sugerir um avanço explicativo sobre a indução dos processos psicóticos, ela permite igualmente que se compreenda que certos mecanismos atuantes nos processos neuróticos – o recalque, em particular – não permitem dar conta da etiologia das psicoses.

Essa hipótese metapsicológica permite, aliás, que se proponha uma orientação coerente às estratégias terapêuticas, no sentido de uma restauração da inserção falha do sujeito no registro simbólico. Sob esse ponto de vista, e apenas esse, o conceito de foraclusão do Nome-do-Pai constitui um epicentro metapsicológico heurístico e fecundo. Podemos, portanto, ao menos por essa razão, tomar nota disso a título de um progresso consequente. Mas em caso algum podemos concluir que dispomos, com a foraclusão do Nome-do-Pai, de uma panaceia etiológica à toda prova. O próprio Lacan sempre se mostrou particularmente prudente quanto a essa questão.

Se a foraclusão do Nome-do-Pai aparece como uma explicação radical – para não dizer totalitária – dos processos psicóticos, é principalmente devido ao fato da existência do imperialismo de uma certa submissão da Escola, alimentada essencialmente em torno de alguns pontos cegos. Para citar apenas este, que parece ter grassado com a maior violência, vamos evocar o culto de uma forma de ontologismo mantido igualmente quanto à foraclusão e ao Nome-do-Pai enquanto tal. Para alguns, essas categorias foram realmente elevadas à dignidade de *seres*, com base num *mal-entendido qualitativo e quantitativo*.

O Nome-do-Pai não é um significante particular. Ele só é significante primordial na medida em que, num dado momento, vem ocupar um lugar de destaque. Enquanto tal, ele nunca é predeterminado antecipadamente. Como *só o lugar aberto à substituição metafórica é predeterminado*, o significante Nome-do-Pai é um significante qualquer que virá ocupar este lugar decisivo. Nesse sentido – Lacan o formulou diversas vezes – *os significantes Nome-do-Pai são múltiplos*. Como lembra J.D. Nasio,[5] eles existem, no mínimo, na mesma quantidade dos significantes suscetíveis de se sucederem nesse lugar ao qual são convocados num dado momento. A foraclusão se produz, propriamente falando, quando nenhum

5 J.-D. Nasio, *Les yeux de Laure*, Paris, Aubier, 1987, p.123-4. (*Os olhos de Laura: Somos todos loucos em algum recanto de nossas vidas*. Rio de Janeiro, Zahar, 2011.)

significante vem se apresentar a essa convocação. Logo, *ela não se dá de uma vez por todas.* Ao contrário, não cessa de se reproduzir sucessivamente. Isso, tanto mais que é em termos de estrutura que se deve tentar apreender o mecanismo desta foraclusão do Nome-do-Pai, isto é, em termos de movimento e de regulação.

Para que a estrutura se mantenha, é necessário, constantemente, que um significante venha ocupar esse lugar de substituição do significante do desejo da mãe. Em troca, se nenhum significante substituto adequado vier ocupar este lugar, a lógica simbólica se organiza diferentemente e, com ela, a realidade psíquica do sujeito. É isso que podemos designar, como faz Ginette Michaud,[6] pela *agenesia do simbólico e do imaginário nos psicóticos.* Em outras palavras, assim como o *paranoico* se esforça para *simbolizar o imaginário*, o *esquizofrênico*, ao contrário, tenta *imaginarizar o simbólico.*

A foraclusão do Nome-do-Pai parece afetar, antes, a dinâmica que preside à substituição metafórica, não se referindo ao próprio elemento dessa substituição. Assim, a ideia de abolição que está implícita no conceito de foraclução marca bem uma evolução radical na acepção do termo *Verwerfung.* Se a concepção freudiana inicial da *Verwerfung* estava assujeitada principalmente à ideia de uma *rejeição do registro simbólico*, com Lacan a *Verwerfung* remete antes à ideia de um *não advento à ordem deste registro simbólico.*

* * *

Tentemos conceber agora uma circunstância da posição subjetiva onde, ao apelo do Nome-do-Pai vai responder não a

---

6 G. Michaud, Seminário de clínica psicanalítica sobre "As personalidades psicopáticas", 1974-5. Ensino ministrado na UFR Ciências Humanas Clínicas, Universidade Paris VII.

> ausência do Pai real, pois esta ausência é mais do que compatível com a presença do significante, mas a carência do próprio significante.[7]

Não se poderia demarcar melhor do que faz Lacan acima a própria essência da foraclusão em sua dinâmica indutora dos processos psicóticos.

De fato, na medida em que a foraclusão seja passível de tal eficácia, é preciso que ela incida sobre o significante Nome-do-Pai. É apenas quando o significante Nome-do-Pai está foracluído que o recalque originário é fracassado, neutralizando a emergência da metáfora paterna. Não emergindo este processo metafórico, segue-se que o acesso ao simbólico fica gravemente comprometido para a criança. Sob tais condições, todo um registro novo da economia do desejo lhe é barrado. Permanecendo assujeitada a uma relação arcaica com a mãe, ela continua a se constituir como seu único objeto de desejo, isto é, como seu falo.

Evocar a foraclusão do Nome-do-Pai como processo indutor de psicoses é enfatizar o fato da *impossibilidade em que se encontra a criança de poder se referir ao Pai simbólico*. Em consequência, dizer que o Nome-do-Pai está foracluído é dizer que o Pai real não emergiu na qualidade e lugar de Pai simbólico. Sob que condições essa emergência do pai é tornada impossível, barrando, assim, para a criança a simbolização da Lei paterna que instaura a castração simbólica?

Formalmente, essas circunstâncias invalidantes podem ser referidas a essa ocorrência decisiva: *o Nome-do-Pai está foracluído quando este significante é renegado no discurso da mãe*, como lembra, explicitamente, Lacan:

---

7 J. Lacan, "D'une question préliminaire à tout traitement possible de la psychose", in *Écrits*, op.cit., p.557.

> Aquilo sobre o que queremos insistir é que não é apenas a maneira pela qual a mãe se acomoda à pessoa do pai que nos deve ocupar, mas a importância que ela dá à sua fala, digamos, à sua palavra, à sua autoridade, em outras palavras, *o lugar que ela reserva ao Nome-do-Pai na promoção da Lei.*[8]

A problemática da renegação do Nome-do-Pai no discurso materno levanta, fatalmente, uma questão clínica importante: sob que condições pode uma mãe se apresentar como mãe psicotizante? Em consequência, uma segunda dificuldade surge imediatamente: as mães dos psicóticos são elas próprias psicóticas?

Além dessas interrogações serem cruciais, elas recebem frequentemente respostas clínicas muito desconcertantes. No entanto, seu caráter de radicalidade não permite demarcar com grande circunspecção o problema dos processos indutores das psicoses. A prova disso seria um caso bastante frequente: como compreender, numa prole saída de uma mesma mãe e um mesmo pai, que apenas uma das crianças seja psicótica? No máximo, isso supõe que ocorrências imprevisíveis demonstram ser patologicamente determinantes em certos momentos da história da família.

Um dos sinais precursores precoces que nos é dado apreender, nesses espaços de potencialidades psicóticas, refere-se principalmente ao investimento materno da criança quanto ao problema de seu nascimento. É clinicamente manifesto que um sujeito psicótico foi, na maior parte do tempo, investido pela mãe antes de seu nascimento, de uma maneira especificamente notável. É, pois, no investimento materno fantasístico da criança que já se toma possível observar alguns índices significativos da potencialidade de incidências psicóticas.

---

8 Ibid., p.579 (o grifo é meu).

De acordo com uma observação muito justa de Piera Aulagnier,[9] uma criança, com seu nascimento, é investida fantasisticamente pela mãe como um ser destacável desta, isto é, um ser imaginariamente representado independente da existência da própria mãe.

Em algumas futuras mães, acontece, ao contrário, que a criança seja investida como uma dependência de seu próprio corpo. Nessas condições, a separação da criança e da mãe é antecipadamente intolerável.

Em toda mãe há um trabalho de luto a ser feito depois do nascimento da criança. Encontramos sua expressão mais significativa nos estados depressivos encontrados pela maioria das mulheres algum tempo depois do parto (depressão pós-parto). Todavia, este trabalho de luto só é possível na medida em que a criança tenha sido investida, antes de nascer, como um ser independente da mãe. Nas mães que não conseguem fazer isso, o trabalho de luto fica gravemente comprometido, até mesmo quase impossível de se realizar. Assim, para neutralizar esta perda, essas mães vão instituir um modo particular de relação com seus filhos, relação estritamente fusional, que não dará lugar a nenhuma intercessão mediadora.

Maud Mannoni evoca notavelmente bem esta particularidade em sua obra *L'enfant arriéré et sa mère* (A criança retardada e sua mãe):

> A partir da concepção, o sujeito desempenha para a mãe um papel muito preciso no plano fantasístico; seu destino já está traçado; ele será esse objeto sem desejos próprios, cujo único papel será preencher o vazio materno ... Recordemos inicialmente de que é feita essa relação fantasística. Existe para a mãe, real ou adotiva, um primeiro estado vizinho do sonho no qual ela deseja "uma criança". Esta criança é, em primeiro

9 P. Aulagnier, "Remarques sur la structure psychotique", in *La psychanalyse*, n.8, Paris, PUF, 1964, p.47-67.

> lugar, uma espécie de evocação alucinatória de alguma coisa da infância dela mesma, que foi perdida. Essa criança de amanhã é inicialmente colocada sob os vestígios de lembrança em que se acham incluídos todos os sofrimentos experimentados, expressos na língua do coração ou do corpo. É assim que, nas mães de psicóticos, as diferentes etapas do embrião serão vividas no plano imaginário, como um desenvolvimento corporal parcial no interior delas mesmas.
>
> Quando chega essa criança tão desejada, ou seja, quando a demanda se realiza, cria para a mãe sua primeira decepção: aí está, pois, este ser de carne, mas separado dela; ora, num nível inconsciente, é com uma espécie de fusão que a mãe sonhava. E é a partir desse momento, com essa criança separada dela, que ela vai tentar reconstruir seu sonho. A essa criança de carne vai ser superposta uma imagem fantasística que terá como papel reduzir a decepção fundamental da mãe.[10]

Desde o início, a criança é encerrada, portanto, numa relação de logro por sua mãe, já que é para ela, como diz Maud Mannoni, sempre a "significação de uma outra coisa". O mal-entendido trágico e cativante que se institui então entre a mãe e a criança reside precisamente nessa "outra coisa":

> A criança é destinada a preencher a falta-a-ser da mãe, não há outra significação senão existir para ela e não para si...
>
> A toda pretensão da criança à autonomia vai corresponder imediatamente o desaparecimento, para a mãe, desse suporte fantasístico do qual ela precisa.[11]

Sobre o fundo de uma captura tão decisiva a função paterna é destituída antecipadamente, na medida em que a relação fusional mãe/criança neutraliza toda a sua possibilidade

10 M. Mannoni, *L'enfant arriéré et sa mère*, Paris, Seuil, 1964, p.66-7.

11 Ibid., p.67.

de inserção. De fato, essas mães mantêm, na maior parte das vezes, uma relação muito específica com a Lei do pai, sob o modelo de *uma renegação sistemática da representação do Pai simbólico*. Aliás, tudo leva a crer, na prevalência desta renegação, que essas mães perderam o sentido do alcance significativo da Lei, até mesmo, em alguns casos, que elas jamais puderam simbolizá-la para si mesmas.

A ambiguidade mantida quanto à questão da renegação da função paterna se explica pelo fato, apenas, de que essas mães têm a intenção de atualizar elas mesmas a Lei para a criança. O desprezo patológico vem de que esta Lei que elas querem representar não é absolutamente *a Lei do pai, a saber, aquela que se funda na diferença dos sexos*. Toda a distinção que é necessária estabelecer quanto às *mães fálicas* dos perversos se situa, precisamente, na apreciação dessa confusão. Mas é também este deslocamento do lugar no qual a Lei é significada que dá conta da proximidade estrutural entre as psicoses e as perversões.[12]

Para essas mães "psicotizantes", a Lei de que se trata é uma lei perfeitamente pessoal, de *pura conveniência individual*, como assinala Piera Aulagnier.[13] Ela é fadada a uma mobilidade imaginária, imprevisível, o que é, precisamente, contraditório com a essência de toda lei simbólica. Para retomar a fórmula de Lacan, essas mães estão, falando propriamente, "*fora da lei*"; já que nenhum lugar vago é jamais deixado à intercessão de uma Lei terceira, que viria mediatizar a fusão entre a mãe e a criança.

---

12 A proximidade estrutural entre as psicoses e as perversões se explica, certamente, a partir do lugar materno onde a Lei é significada, tanto de um lado como de outro. Sua diferença é medida pelo desvio que pode existir entre uma "mãe psicotizante" e uma "mãe fálica". Cf. *Structure et perversions*, op.cit., cap.15, p.207-14.

13 P. Aulagnier, "Remarques sur la structure psychotique", in *La psychanalyse*, op.cit.

Existe assim uma complementaridade lógica entre a *reconstrução fusional* e a *instituição de uma lei pessoal*. Jamais investida enquanto sujeito diferente do corpo da mãe, a criança permanece integralmente submetida à *onipotência materna*, já que não lhe parece necessário que o pai surja como "fazendo a lei para a mãe" (Lacan). Em outras palavras, é porque a onipotência materna reina que a função paterna não tem lugar nenhum para existir. O desejo da mãe não sendo jamais referido ao pai, o da criança permanece circunscrito à mãe, sob o modo imaginário e arcaico que conhecemos bem: *ser o único objeto do desejo do outro, ou seja, ser o seu falo imaginário*.

Em caso extremo, a criança cativa dessa relação fusional patológica sofre de *uma falta de filiação*. Aprisionada pela renegação materna da função paterna, ela não pode, portanto, ser jamais reconhecida e designada como a filha ou o filho de um pai. Não existe, talvez, definição mais evocativa para aquilo que Lacan entende como *foraclusão do Nome-do-Pai*.

* * *

O problema subsiste, evidentemente: o de saber por que e como um pai se deixa assim destituir da função simbólica que lhe cabe representar. Esse "eclipse" não deixa de ser acompanhado por um certo gozo complacente com ser dispensado. A questão permanece em aberto.

Bibliografia

Aulagnier, P. "Remarques sur la structure psychotique", in *La psychanalyse*. Paris, PUF, 1964, p.47-67.

Dor, J. *Introduction à la lecture de Lacan*, tomo I: *L'inconscient structuré comme un langage*. Paris, Denoël, 1985. (*Introdução à leitura de Lacan*, tomo I: *O inconsciente estruturado como uma linguagem*, Artes Médicas, Porto Alegre, 1989.)

_____. *Structure et perversions*. Paris, Denoël, 1987.

_____. *L'a-scientificité de la psychanalyse*. Tomo I: *L'aliénation de la psychanalyse*. Tomo II: *La paradoxalité instauratrice*. Paris, Éditions Universitaires, 1988.

Freud, S. "Die Abwehr-Neuropsychosen" (1894), G.W. I, 59-74, S.E. III, 41-61. Trad. franc.: J. Laplanche, "Les psychonévroses de défense", in *Névrose, psychose et perversion*. Paris, PUF, 1973, 1-14. ("As neuropsicoses de defesa", in *ESB*, vol.I.)

_____. "Weitere Bemerkungen über die AbwehrNeuropsychosen" (1896). G.W. I, 379-403, S.E. III, 175-85. Trad.: J. Laplanche, "Nouvelles remarques sur les psychoses de défense", in *Névrose, psychose et perversion*. Paris, PUF, 1973, p.61-81. ("Novos comentários sobre as neuropsicoses de defesa", in *ESB*, vol.III.)

_____. "Hysterische Phantasiem und ihre Beziehung zur Bisexualität (1908), G.W. VII, 191-9, S.E. IX, 155-66. Trad.: J. Laplanche, "Les fantasmes hystériques et leur relation à la bisexualité", in *Névrose, psychose et perversion*. Paris, PUF, 1973, p.149-55. ("As fantasias histéricas e sua relação à bissexualidade", in *ESB*, vol.IX.)

_____. "Uber infantile Sexualtheorien" (1908), G.W. VII, 171-88, S.E. IX, 205-26. Trad.: D. Berger e J. Laplanche, "Les théories sexuelles infantiles", in *La vie sexuelle*. Paris, PUF, 1969, p.14-27. ("Sobre as teorias sexuais das crianças", in *ESB*, vol.IX.)

_____. "Charakter und analerotik" (1908), G.W. VII, 203-9, S.E. IX, 167-75. Trad.: D. Berger, P. Bruno, G. Guérineau e F. Oppenot, "Caractère et érotisme anal", in *Névrose, psychose et perversion*. Paris, PUF, 1973, p.143-9. ("Caráter e erotismo anal", in *ESB*, vol.IX.)

_____. "Über einen besonderen Typus der Objektwahl beim Manne" (1910), G.W. VIII, 66-77, S.E. XI, 163-75. Trad.: J. Laplanche, "D'un type particulier de choix d'objet chez l'homme", in *La vie sexuelle*. Paris, PUF, p.47-55. ("Um tipo especial de escolha de objeto feita pelos homens", in *ESB*, vol.XI.)

_____. *Totem und Tabu* (1912-1913), G.W. IX, S.E. XIII, 1-161. Trad.: Jankélévitch, *Totem et tabou*. Paris, Payot, 1973. (*Totem e tabu*, in *ESB*, vol.XIII.)

_____. "Triebe und Triebschicksale" (1915), G.W. X, 210-32. S.E. XIV, 109-40. Trad. J. Laplanche e J.B. Pontalis, "Pulsions et destin des pulsions", in *Métapsychologie*. Paris, Gallimard, 1968, p.11-44. ("Os instintos e suas vicissitudes", *ESB*, vol.XIV.)

_____. "Das Unbewusste" (1965), G.W. X, 264-303. S. E. XIX, 159-215. Trad. J. Laplanche e J.B. Pontalis, "L'Inconscient", in *Métapsychologie*. Paris, Gallimard, 1968, p.91-161. ("O inconsciente", in *ESB*, vol.XIX.)

_____. "Aus der Geschichte siner infantilen Neurose" (1918), G.W. XII, 29-157, S.E. XVII, 1-122. Trad.: M. Bonaparte e R. Loewenstein, "Extrait de l'histoire d'une névrose infantile (L'homme aux loups)", in *Cinq psychanalyses*. Paris, PUF, 1954, p.325-420. ("Uma neurose infantil", in *ESB*, vol.XVII.)

_____. "Jenseits des Lustprinzips" (1920), G.W. XIII, 3-69, S.E. XVIII, 1-64. Trad.: J. Laplanche e J.B. Pontalis, "Au-delà du principe de plaisir", in *Essais de psychanalyse*. Paris, Payot, n.44, 2ª ed., 1981. ("Além do princípio do prazer", in *ESB*, vol.XVIII.)

_____. "Massenpsychologie und Ich-Analyse" (1921), G.W. XIII, 73-161, S.E. XVIII, 65-143. Trad.: Jankélévitch e Hesnard, "Psychologie das foules et analyse du moi", in *Essais de psychanalyse*. Paris, Payot, n.44, 1970. ("Psicologia de grupo e análise do eu", in *ESB*, vol.XVIII.)

_____. "Der Untergang des Odipuskomplexes" (1923), G.W. XIII, 395-402, S.E. XIX, 171-9. Trad.: D. Berger, J. Laplanche, "La disparition du complexe D'Œdipe", in *La vie sexuelle*. Paris, PUF, 1969, p.117-22. ("A dissolução do complexo de Édipo", in *ESB*, vol.XIX.)

_____. "Neurose und Psychose" (1924), G.W. XIII, 387-91, S.E. XV, 147-53. Trad.: D. Guérineau, "Névrose et psychose", in *Névrose, psychose et perversion*. Paris, PUF, 1973, p.283-6. ("Neurose e psicose", in *ESB*, vol.XV.)

_____. "Der Realitätsverlust bei Neurose und Psychose" (1924), G.W. XIII, 363-8, S.E. XIX, 181-7. Trad.: D. Guérineau, "La perte de la réalité dans la névrose et la psychose", in *Névrose, psychose et perversion*. Paris, PUF, 1973, p.299-303. ("A perda da realidade na neurose e na psicose", in *ESB*, vol.XIX.)

_____. "Fetischismus" (1927), G.W. XIV, 311-7, S.E. XXI, 147-57. Trad.: D. Berger, "Le fétichisme", in *La vie sexuelle*. Paris, PUF, 1969, p.133-6. ("O fetichismo", in *ESB*, vol. XXI.)

_____. "Die Ichspaltung im Abwehrvorgang" (1938), G.W. XVII, 59-62, S.E. XXIII, 271-8. Trad.: R. Lewinter e J.B. Pontalis, "Le clivage du moi dans les processus de défense", in *Nouvelle Revue de la Psychanalyse*, n.2, 1970, p.25-8. ("A clivagem do eu nos processos de defesa", in *ESB*, vol.XXIII.)

_____. "Abriss der Psychoanalyse" (1938), G.W. XVII, 67-138, S.E. XXIII, 139-207. Trad.: A. Barman, *Abrégé de psychanalyse*. Paris, PUF, 1967. ("Esboço de psicanálise", in *ESB*, vol.XXIII.)

Israël, L. *L'hystérique, le sexe et le médecin*. Paris, Masson, 1976.

Lacan, J. *Les psychoses* (1955-56), livro III. Paris, Seuil, 1981. (*O Seminário*, livro III, *As psicoses*. Rio de Janeiro, Zahar, 1985.)

_____. "D'une question préliminaire à tout traitement possible de la psychose" (1957), in *Écrits*. Paris, Seuil, 1966, p.531-83. ("De uma questão preliminar a todo tratamento possível da psicose", in *Escritos*. Rio de Janeiro, Zahar, 1998.)

_____. *La relation d'objet et les structures freudiennes* (1956-57), livro IV. Paris, Seuil, 1994. (*O Seminário*, livro 4, *A relação de objeto*. Rio de Janeiro, Zahar, 1995.)

_____. *Les formations de l'inconscient* (1957-58), livro V. Paris, Seuil, 1998. (*O Seminário*, livro 5, *As formações do inconsciente*. Rio de Janeiro, Zahar, 1999.)

_____. *L'envers de la psychanalyse* (1969-70), livro XXVII. Paris, Seuil, 1991. (*O Seminário*, livro 27, *O avesso da psicanálise*. Rio de Janeiro, Zahar, 1992.)

_____. *Un discours qui ne serait pas du semblant* (1970-71), livro XVIII. Paris, Seuil, 2007. (*O Seminário*, livro 18, *De um discurso que não fosse semblante*. Rio de Janeiro, Zahar, 2009.)

_____. *Ou pire* (1971-72), seminário inédito.

_____. *Le savoir du psychanalyste* (1971-72), inédito.

_____. *Encore* (1972-73), livro XX. Paris, Seuil, 1975. (*O Seminário*, livro 20, *Mais, ainda*. Rio de Janeiro, Zahar, 1982.)

_____. "L'étourdit", in *Scilicet*, n.4, Paris, Seuil, 1973, p.5-52.

Laplanche, J. e J.-B. Pontalis. *Vocabulaire de la psychanalyse*. Paris, PUF, 4ª ed., 1973.

Lévi-Strauss, C. *Les structures élémentaires de la parente*. La Haye/ Paris, Mouton de Gruyter, 1971. (*As estruturas elementares do parentesco*, Petrópolis, Vozes, 2ª ed., 1982.)

Levy-Bruhl, L. *Les fonctions mentales dans les sociétés inférieures*. Paris, 1910.

_____. *La mentalité primitive*. Paris, 1922.

Malinowski, B. *La vie sexuelle des sauvages du nord-ouest de la Mélanésie*. Paris, Payot, 1930. (*A vida sexual do selvagem*. Rio de Janeiro, Francisco Alves, 2ª ed., 1983.)

Mannoni, M. *L'enfant arriéré et sa mère*. Paris, Seuil, 1964.

Michaud, G. *Séminaire de clinique psychanalytique sur les personnalités psychopathiques*, 1974-5. Ensino na UFR Ciências Humanas Clínicas, Universidade de Paris-VII.

Nasio, J.-D. "Structure hystérique et dialogue analytique", in *La chaussés d'Antin*, tomo II. Paris, 10-8, 197.

Rousseau, J.-J. *Discours sur l'origine et les fondements de l'inégalité parmi les hommes*. Paris, Gallimard, 1965.

_____. *Du contrat social aux principes du droit politique*. Paris, Marabout Université, 1974.

Índice de autores citados

Índice terminológico

Coleção Transmissão da Psicanálise

Não Há Relação Sexual
Alain Badiou

Fundamentos da Psicanálise de Freud a Lacan
(3 volumes)
Marco Antonio Coutinho Jorge

Transexualidade
Marco Antonio Coutinho Jorge; Natália Pereira Travassos

Por Amor a Freud
Hilda Doolittle

A Criança do Espelho
Françoise Dolto e J.-D. Nasio

O Pai e Sua Função em Psicanálise
Joël Dor

Introdução Clínica à Psicanálise Lacaniana
Bruce Fink

A Psicanálise de Crianças e o Lugar dos Pais
Alba Flesler

Freud e a Judeidade
Betty Fuks

A Psicanálise e o Religioso
Phillipe Julien

O Que É Loucura?

Simplesmente Bipolar
Darian Leader

5 Lições sobre a Teoria de Jacques Lacan

9 Lições sobre Arte e Psicanálise

Como Agir com um Adolescente Difícil?

Como Trabalha um Psicanalista?

A Dor de Amar

A Dor Física

A Fantasia

Os Grandes Casos de Psicose

A Histeria

Introdução à Topologia de Lacan

Introdução às Obras de Freud, Ferenczi, Groddeck, Klein, Winnicott, Dolto, Lacan

Lições sobre os 7 Conceitos Cruciais da Psicanálise

O Livro da Dor e do Amor

O Olhar em Psicanálise

Os Olhos de Laura

Por Que Repetimos os Mesmos Erros?

O Prazer de Ler Freud

Psicossomática

O Silêncio na Psicanálise
J.-D. Nasio

Guimarães Rosa e a Psicanálise
Tania Rivera

A Análise e o Arquivo

Freud – Mas Por Que Tanto Ódio?

Lacan, a Despeito de Tudo e de Todos

O Paciente, o Terapeuta e o Estado

A Parte Obscura de Nós Mesmos

Retorno à Questão Judaica

Sigmund Freud na sua Época e em Nosso Tempo
Elisabeth Roudinesco

O Inconsciente a Céu Aberto da Psicose
Colette Soler